高等职业教育与教学改革研究

——邵锦秀 著

北方文艺出版社

哈尔滨

图书在版编目（CIP）数据

高等职业教育与教学改革研究 / 邵锦秀著 . –– 哈尔滨：北方文艺出版社，2022.4

ISBN 978-7-5317-5496-1

Ⅰ . ①高… Ⅱ . ①邵… Ⅲ . ①高等职业教育－教学改革－研究 Ⅳ . ① G718.5

中国版本图书馆 CIP 数据核字 (2022) 第 050652 号

高 等 职 业 教 育 与 教 学 改 革 研 究

GAODENG ZHIYE JIAOYU YU JIAOXUE GAIGE YANJIU

作　者 / 邵锦秀

责任编辑 / 张　璐　　　　　　　　　　封面设计 / 张顺霞

出版发行 / 北方文艺出版社　　　　　　邮　编 / 150008

发行电话 / （0451）86825533　　　　经　销 / 新华书店

地　址 / 哈尔滨市南岗区宣庆小区 1 号楼　网　址 / www.bfwy.com

印　刷 / 三河市元兴印务有限公司　　　开　本 / 710mm×1000mm　1/16

字　数 / 211 千　　　　　　　　　　　印　张 / 14.25

版　次 / 2022 年 4 月第 1 版　　　　　印　次 / 2023 年 1 月第 2 次印刷

书　号 / ISBN 978-7-5317-5496-1　　　定　价 / 52.00 元

内容简介

　　《高等职业教育与教学改革研究》是一本系统研究高等职业教育及其教学改革的专著。本书在阐述高等职业教育的本质、功能、价值等知识的基础上，对国内外高等职业教育的发展进行梳理，并且介绍了高等职业教育人才培养的特点、路径及模式。同时，本书还指出高等职业教育科学发展的定位、规模及结构。在阐述高等职业教育改革的理念与价值取向的同时，提出科学有效的高等职业教育教学改革路径，旨在为提高我国高等职业教育水平提供理论上的指导。

目　录

第一章　高等职业教育概述

第一节　高等职业教育的本质

一、不同文献的定义

20 世纪 80 年代以来，随着我国高等职业（简称"高职"）教育的实践不断丰富，不少文献和著述从不同角度给高等职业教育做出定义，以下为几则较有代表性的文献定义：

《中国教育百科全书》对高等职业教育的定义：培养高级实践应用型人才的教育，属高等教育范畴，是职业技术教育的高等层次。招收中等职业技术学校毕业生、普通高中毕业生及具有相应文化水平和实践经验的中级技术人才，学制为 2 年至 3 年；少数招收初中毕业生，学制 5 年。教育形式主要为学校教育和职业技术培训两种。教育机构主要有各种职业技术专科学校、高级技工学校。

《教育大辞典》对高等职业教育的定义：属于第三级教育层次的职业教育和技术教育，包括就业前的职业技术教育和从业后的相关继续教育。例如，美国技术学院和社区学院的部分教学计划；日本高等专门学校、短期大学的部分教学计划及专修学校的专门课程；法国的大学技术学院、高级技术学院，中国早期的高等实业学堂、专门学校、专科学校及成人高等学校教学计划等提供的教育。在 20 世纪 80 年代，我国高等职业教育开始有了新发展，主要培养文科、理科、工科、农林、医药、政法、财政 7 个科类的专业人才。其中学历教育一般属专科层次，修业 2 年至 3 年；短期的非学历教育，实施机构为高等职业院校。

国内高等职业教育研究者王前新在《高等职业教育学》一书中对高等职

业教育做了如下描述，高等职业教育是在具有高中或相当于高中文化水平的基础上，为生产、建设、管理、服务第一线培养高级实用型、技术型和管理型人才的专门教育。上述定义包括五个要素：①受教育者的文化基础应达到高中水平，包括中等职业技术学校的毕业生及有高中或相当于高中文化水平者；②服务面向的是经济建设的第一线；③教育层次是高等教育，培养的是高级人才；④培养的人才类型是实用型技术人才；⑤教育形式是专门教育，包括学历的专业教育和非学历的专门培训。

陈勃生在其所著《职业高等教育导论》一书中将高等职业教育称为职业高等教育，并将其定义为：以培养职业型高等级专门人才为教育目标的高等教育。并称职业型高等级专门人才有四重含义。①他们属于专门人才，在社会分工中从事某一职业的工作。②他们属于应用型人才，他们所从事的职业是依靠成熟的技术或管理规范，直接生产现实的社会物质财富、精神财富或提供某种服务。已形成生产能力的高科技的应用亦含其中。③他们从事的职业对从业人员有较高的文化素养和专业要求。④他们的知识和能力结构不是普遍适应的，具有特定的职业指向性。

二、对上述文献定义的评析

上述几种文献的定义，并不完全相同，有的差异甚至较大，现对上述定义分析如下：

入学基础：高等职业教育的入学基础为高中或相当于高中的文化水平。少数招收初中毕业生的学制则要 5 年及以上时间，其中 2 年至 3 年时间用以完成高中阶段教育。也就是说，接受高等职业教育的学生其文化起点与普通高等教育的文化起点是一致的。目前我国的高考并未分本科和专科，是用同一考试不同的分数设置本科和专科的录取线。虽然改革高考方式的呼声一直都在，但高等教育的入学考试形式大体一致。

教育层次：《教育大辞典》将其定义为专科层次；《中国教育百科全书》虽未直接提专科层次，但从其列举的教育机构看也是将其定位在专科层次的。

我们可以肯定地说，迄今为止，无论是我国还是外国，高等职业教育都以专科层次教育为主。

然而，高等职业教育无可争辩的是一种类型而不是一种层次。根据潘懋元和陈厚丰的分类，高等职业教育可分为研究型和教学型大学，近几年我国新升格的地方院校按他们的分类法，也应属于高等职业教育范畴。但是任何事物的发展都有一个过程，职业教育以前以初、中等教育为主，高等职业教育这一名称是 20 世纪 80 年代才在我国出现的，而将高等职业教育视为一种类型进行分析只是近些年的事。因此，在我国形成高等职业教育等同于专科教育的传统观念，并出现在《教育大辞典》中也不足为奇。

学制：无论是《教育大辞典》还是《中国教育百科全书》，都将高等职业教育学制定义为 2 年至 3 年，这是专科教育学制的层次，其原因已如上述。专科层次高等职业教育的学制为 2 年至 3 年，这符合国际教育标准分类（1997）的 5B 级标准；但若是本科层次的高等职业教育的学制则应是 4 年及以上。

人才类型：《教育大辞典》中主要指 7 个科类的专业人才。王前新在自己书中提到的实用型、技术型和管理型人才，而当前高等职业界流行的是高技能型人才。总体来说，陈劲生对高等职业教育培养的人才类型的分析还是较中肯的。我们认为高等职业教育培养人才的类型属于高级应用型人才，这是关于高等职业人才培养的基本定位。

办学机构：各国高等职业教育的办学机构的情形不太一样。我国在 1998 年以前，办学机构是职业大学、专科学校等；1998 年以后，办学机构则是蓬勃兴起的职业技术学院及地方性本科院校。《教育大辞典》中列举的高等实业学堂、专门学堂、专科学校等是我国专科层次学校在不同时期的叫法，中华人民共和国成立后，我国的成人高校大多也只开办专科层次教育。

服务面向：在我国高等职业教育主要为地方或行业经济服务。

教育形式：主要有两种，即学历教育和职业培训。其中，高等职业培训教育，主要体现在培训内容上。

三、高等职业教育的本质

（一）高等职业教育及其本质属性

1. 两种定义

根据以上分析，现在我们对高等职业教育给出两种定义。一种是广义的，借鉴杨金土、吕鑫祥人才分类法，社会高级人才可分为研究型和应用型两大类。我们定义：培养高级应用型人才的高等教育称为广义的高等职业教育。高级应用型人才的基本特点是，不以研究发现的客观规律为主，而是以应用已发现的规律、定理为经济社会提供直接服务为主。

例如：教师运用教育教学基本原理和专业知识，向学生传授某些知识或技能；医生运用病理学基本原理和临床经验为病人提供医疗服务；工程技术人员运用科学理论，根据设计规范或生产工艺要求，提供工程设计服务；高级营销师运用基本营销理论和营销策划经验，针对市场情况和某类产品进行营销策划；高级会计师利用一般会计原理、会计技能、会计工作经验、会计工作规范与相关法律条款，对某单位的财务会计状况进行分析，并向有关部门提供财务分析报告等等。以上这些都是利用客观规律为经济社会提供直接服务，而不是对客观规律的研究。上述这些人才都属高级应用型人才，能从事上述工作的人一般都接受过高等教育，绝大多数都具有本科以上学历。不以研究发现的客观规律为主，并不意味着不发现客观规律。因为应用型人才在根据现有规律服务经济社会的过程中，也有可能发现某些新的规律，如医生在为病人诊断与治疗的过程中有可能发现某些病理原理，工程技术人员在设计与生产的过程中，有可能发现某些有规律性的物理、生物、化学现象。但这些发现与发明不是他们的直接目的，他们的直接目的是为病人治病，或完成某种生产与设计任务。

上述应用型人才除教师、医生外，大多不在生产、建设、服务、管理一线。如工程设计人员不在工程一线，营销一线也非营销策划师的常驻之地，高级会计师也较少在会计窗口直接与客户接触。对这些人才的要求，主要是要有较深厚的学科或专业理论基础，对工程规范、工艺流程、市场特点、疾病现象和病理原理、相关法律法规有较好的把握，而对直接的技术技能并不像一线人员要求那么高。例如：设计电机的工程师，拆装具体电机的技能未必比一线工人强；在医疗室为病人望闻问切的医生，其护理技术未必比护士强等等。

提供上述人才的高等教育机构，在潘懋元和陈厚丰的高等教育系统分类图中，为职业型高等学校的多科性或单科性的教学科研型大学或学院，如师范大学、医科大学、工业大学、工程学院等。广州大学、北京联合大学、上海第二工业大学、湖南师范大学、湖南工程学院等应属此类学校。这类高等学校其专业设置有的以某类技术为主，有的以某类社会职业为主，有的则以职业岗位为主，且一般都比较重视学科建设，并以学科建设带动专业建设。这些高等学校大抵可分为四大类：师范类、医学类、工程类、其他类。其中师范类、医学类、工程类在我国已形成相对独立的体系及相关的办学特色，甚至积累了与该类教育相适应的办学理论与特点。上述部分高等学校也有较强的科研能力及较充足的科研经费，但仍以教学为主，是所谓的教学科研型大学。这类大学培养的是应用已有规律、定理、原理为经济社会服务的高级应用型人才，分直接服务和间接服务两类。这类人才大多以设计、规划、策划、分析为主，一般不直面终端产品或终端服务，即一线性不强。

还有一类一线性很强的、直面终端产品或终端服务的高级应用型人才。这类高级应用型人才处于生产、建设、管理、服务的第一线。因此，我们将狭义的高等职业教育定义为：培养一线高级应用型人才的高等教育。与前面的间接性应用型人才相比，这类人才可能不需要太系统的专业理论，但需要更多的技术、技能、技巧，对一线某些关键技术技能则要求娴熟掌握，因为，产品和服务的最终质量主要靠这类人才实现。这类人才有医院的高级护理、数控加工中心的操作技术人员、金融服务窗口的会计出纳、旅行社的高级导游、软件生产流水线的技术人员、电子控制中心的操作人员、外贸企业的报关员和单证员、大型生产企业的作业长、建筑企业的项目经理、大型酒店或超市的部门负责人、高档汽车的维修人员、航空服务人员等。这类人员的需要量很大，因为直面终端服务和终端产品，对综合素质的要求较高。培养此类高级应用型人才的高等学校，在潘懋元和陈厚丰的高等教育系统分类图中，主要为高等职业教育系统中的多科性或单科性教学型学院。在我国高等教育扩招后大量出现的职业技术学院和专科学校中，也包含部分应用型本科院校。

2. 高等职业教育的本质属性

现在我们可以回答高等职业教育的本质。广义而言，高等职业教育的本质是培养高级应用型人才的社会活动，其本质属性是高等性与应用性的结合。社会的高级人才分为学术型和应用型两大类，普通高等教育培养学术型人才，高等职业教育培养高级应用型人才，可以说培养高级应用型人才这一本质贯彻于高等职业教育的始终。这种高级应用型人才在国际教育标准分类（1997）中为 5A2 和 5B。高等职业教育在潘懋元和陈厚丰的高等教育系统分类图中为高等职业教育子系统，即"培养高级应用型人才的社会活动"这个本质是相对于广义的高等职业教育而言的。

回答了高等职业教育的本质问题，我们发现长期困扰我们的许多问题都得到了解决，如高等职业教育是一个层次还是一个类型的问题就不言自明。因为高级应用型人才是一种类型，不少大学，甚至"211 工程"大学都有培养高级应用型人才的任务，也就都属于高等职业教育。既然如此，高等职业教育也就不限于专科层次的教育。这种理论上的回答，更有利于高等职业教育系统内部各种不同学校找准自己的定位，特别是人才培养层次和类型的定位，为经济社会培养更多专业对口的高级应用型人才。同样也有利于政府，特别是教育行政主管部门对高等教育进行分类规划，进而分别制定具体的指导政策。

为便于集中研究，也为符合当前我国高等职业教育的发展需要，我们把研究视野集中在狭义的高等职业教育领域。对狭义的高等职业教育而言，其本质可表述为：培养一线高级应用型人才的社会活动。"一线"即我们通常所说的生产、建设、管理、服务一线。一线高级应用型人才直接为经济社会提供终端产品或终端服务，即直接产生"物质产品"和"非物质产品"。"一线"高级应用型人才的本质属性即是高等性与直接应用性的结合。一线高级应用型人才大体上相当于国际教育标准分类（1997）中的 5B，在潘懋元和陈厚丰的高等教育分类图中则相当于高等职业教育系统中的教学型学院。根据高等职业教育的本质特征，我们可以概括出高等职业教育的特征。

（二）高等职业教育的基本特征

高等职业教育的特征由其本质属性决定。高等职业教育的特征主要有四点：应用性、实践性、高等性、职业性。

1. 应用性

应用性特征是与研究性特征相对应的。研究型高等教育为培养学生的研究能力，强调学科体系的系统性与严密性，对基本理论和基本知识，更强调其理论形态。前文说到，高等职业教育也要求掌握一定的基本理论，但重点在理论的应用形态，更加强调基本理论、基本知识在实践中的应用，或者说更重视应用性知识的掌握。研究性高等教育要求有较强的逻辑思辨力，以提高其研究能力。应用性高等教育则要求恰当应用已有的规律为经济社会提供服务，这就是应用性。

2. 实践性

实践性也是高等职业教育的基本特性之一，广义的高等教育要强调实践性，狭义的高等教育更要强调直接实践性。高等职业教育的实践性首先要求培养方案的实践性，要求实践性教学课时占有一定的比例，如狭义的高等职业教育的工科类专业，专业实践课与专业理论课的课时比例一般在 1∶1 左右。其次是教学过程的实践性，高等职业教育对学生的实践能力培养要求较高，一般要通过产学研合作办学的途径实现其专业实践能力的培养。再次是教学条件的实践性，在科学技术日新月异的今天，高级应用型人才的实践能力的培养，一般要通过营造仿真的或真实的职业环境才能达到培养目标的要求。因此，既要有良好的校内实训实习基地，还要有足够的校外实习实训基地。最后是师资队伍的实践性，特别是专业课教师，不但要求能讲授书本知识，更要求能指导实践性教学，即目前教育界流行的要有"双师素质"。

3. 高等性

高等职业教育首先是高等教育的一部分，高等性显然是其基本特征之一。

高等性主要体现在人才培养规格上，因为它是高等教育的重要组成部分。而这种高规格是靠其教育教学内容来支撑的，对于教学研究型大学或学院而言可能是指部分属于高深学问的内容，对教学型学院而言则主要指高新技术、智力性技能的内容，也不排除有少量的高深学问。目前教育界有一种流行说法，高职教育是培养高技能型人才的教育。这种说法主要是针对高职学院的人才培养而言，并不科学严谨。首先，"高技能"这个概念本身就是含糊、无法定义的。比如：哪些技能属于"高技能"，哪些技能又属于"低技能"？是不是说数控加工中心的操作是"高技能"，而普通的模具工操作属于"低技能"？其次，"技术"与"技能"在理论上应该说是可分的，但是在实际运用过程中则是交错模糊的，试想高等职业教育在培养技能型人才时是否可将技术教育弱化？若如此，各高等职业教育院校是否也要改为"高等职业技能学院"？总之，即使是狭义的高等职业教育也不仅是要培养所谓的"高技能"型人才，而是主要培养生产、管理、建设、服务一线的高级应用型人才，即经济社会活动中的终端性的高级人才。这些人才不仅要有高等教育对学生的职业生涯负责所必需的理论基础，更需要有作为一线职业人员所必需的技术、技能。高等性是高等职业教育与中等、初等职业教育的根本区别。

4. 职业性

高等职业教育既是高等教育的一种类型，又是职业教育的最高层次，其中职业性是职业教育本身所要求的。这种职业性能在高职人才培养过程的多方面得以体现，例如，对狭义的高等职业教育而言，专业设置要以职业或职业岗位群为依据，在校期间要培养学生毕业后主要职业岗位所需的能力，知识、能力、态度结构要针对未来职业的发展需要而设计，要着力培养学生相关职业兴趣和职业道德。职业性是高等职业教育的主要特性之一。例如，师范大学要着力培养学生的教师职业素养、职业操守和职业能力，医科大学则要培养学生作为医生的职业能力和救死扶伤的人文精神，等等。职业性是高等职业教育与普通高等教育的根本区别。

第二节　高等职业教育的功能

一、高职教育的人才培养功能

教育作为一种有目的的培养人的社会实践活动，原本就是一种"人"的教育。从古希腊教育家所追求的"自由人"，到 19 世纪卡尔·海因里希·马克思（以下简称"马克思"）所预言的"全面发展的人"，再到 20 世纪 60 年代美国现代化问题专家亚历克斯·英克尔斯所探索的"现代人"，人始终是教育情有独钟的关注对象。例如，我们常说的书中自有千钟粟，书中自有黄金屋，书中车马多如簇，书中自有颜如玉，或是"十年寒窗无人问，一举成名天下知"等，可以看出教育自古以来也被当作达成个人目标的手段。

人是分层次的，社会是由不同层面的群体构成的有机整体。每个人都可以根据自己的爱好、兴趣、志向选择不同的职业岗位，确定自己的社会角色。社会应当为每个人的个性发展提供自由、广阔的空间和创造一切可能的条件。人的个性越丰富多彩，人的能力越可能得到最大限度的发挥，人的素质越能得到全面的提高，从而社会进步的也就越快。高职教育从肇始就受到了社会的关注，在名校林立、社会疑虑、自身嬗变的艰难历程中，高职教育逐渐以一种更接近社会需求、更贴近生活实际的亲和力步入教育的中心舞台，从而在人才培养中占据极其重要的地位。

（一）满足民众自我发展的愿望，提高国民的整体素质

高等教育从精英教育走向大众教育，是人类社会从农业社会经过工业社会向初露端倪的知识经济社会转变的必然趋势。社会经济的发展不断启迪人们认识未知世界，使得人们接受高等教育的需求日益增长，高等教育从"象牙塔"中逐渐走出来，这也是高等教育自身的发展规律。

随着中国改革开放进程的加快，知识经济对中国各个层面的渗透，国家创新体系的逐步建立，人们对高等教育的需求更加强劲，对高等教育需求的

潜在能量及蕴藏在社会中的教育激情还在继续，特别是对高质量高等教育的需求还未达到最高峰值，因此，高等教育的大众化还在深化发展的过程中。发展高职教育，应在适度扩大规模的同时，努力提高教育教学质量，进一步提高民族的整体素质是当前和今后一个时期高等职业教育的主要任务。

由于产业结构的调整，经济形式的不断变化，周期性的金融危机，农村劳动力大量进入城市寻找就业机会，大众化条件下高校毕业生的增多，社会出现大量剩余劳动力，失业率不断攀升。在这种背景下职业教育与技能培训具有全新的意义。

一方面，企业存在大量素质较低、技能水平不能适应新技术要求的从业人员，从而导致大量的结构性失业；另一方面，新技术大约以每年 10% ～ 14% 的速度被淘汰，大批技术工人和专业技术人员的知识不断老化失效。因此，必须以终身教育的理念，不断培训在岗的劳动力。此外，农村剩余劳动力不断涌入城镇，对外劳务输出需要大量经过国际化认证的熟练劳动力，服务业发展潜力，这都需要高素质劳动者。为提高劳动者素质，我国正在逐步推行就业准入和劳动预备制度。国家规定用人单位招收、录用职工，属于国家规定实行就业准入控制的职业（工种）的，必须从取得相应学历证书或职业培训合格证书并获得相应职业资格证书的人员中录用。可以说，完成职业技能教育对社会职业工作者是有必备性的。这一切都为职业教育市场开辟了广阔的空间。高职教育作为职业教育中的高等教育，必将成为培养高级应用型人才的主力军，为提高国民整体素质贡献重要力量。

（二）培养高级应用型人才

高职教育以培养具有从事本专业实际工作的全面素质和综合职业能力的，在生产、建设、管理、服务第一线工作的高级应用型人才为目标。其培养目标的特点主要表现在以下三个方面：

第一，人才层次的高级性。高职教育是高等教育的重要组成部分，属于高等教育范畴。高职毕业生具备与高等教育相适应的基本知识、理论和技能，掌握相应的新知识、新技术和新工艺。他们以较强的实践动手能力和分析、解决生产实际问题的能力区别于普通高等教育毕业生，以较宽的知识面和较深厚的基础理论知识区别于中等职业教育毕业生。

第二，人才智能的职业性。高职教育主要是一种针对职业的教育，是对学生进行某种职业生产和管理的教育，以提高职业技术水平为目的。它以职业岗位群的需要为依据开发教学计划，在对职业岗位群进行职业能力分析的基础上，确定培养目标和人才规格，明确高职教育学生应具备的职业道德、职业知识和职业能力，进而组织教学。高职毕业生具有上手快、适应性强等特点。高职学生知识、能力、素质构成的职业性，体现了它隶属职业教育的本质属性。

第三，人才类型的技术性。高职毕业生不但懂得某一专业的基础理论与基本知识，更重要的是他们具有某一岗位群所需要的生产操作和组织能力，善于将技术意图或工程图纸转化为物质实体，并能在生产现场进行技术指导和组织管理，解决生产中的实际问题。他们还善于处理、交流和使用信息，指导设备、工艺和产品的改进，是一种专业理论扎实，生产技术操作熟练和组织能力强的复合型人才。

"能力本位"的提出是高职教育对以学科或知识为本位的普通高等教育扬弃的表现。在理解高职教育的"能力本位"时，应注意它的两个基本特征：

第一，其虽然强调的是"实践能力"的培养，实质却是知识、技能和态度三位一体的素质结构。

这一素质结构主要由四大要素构成：一是完成职业任务所必需的基本技能或动手能力，如知识运用能力、技术应用能力；二是完成职业任务应具备的基本职业素质，即20世纪80年代德国企业界倡导的"关键能力"，如合作能力、公关能力、解决矛盾的能力、心理承受能力等；三是在职业岗位变动时的应变能力和就业弹性；四是在技术应用领域中的创新精神和开拓能力，如工艺流程的革新、加工方法的创造、管理方式的变革等。

第二，它虽然强调的是职业能力的培养，重视的却是人的全面发展。

毫无疑问，高职教育的培养目标是"技术性应用人才"，但这一目标结构中凸现的应该是"人的全面发展"这一主题。使人性提升和能力发展两个主要内涵相互支撑、相互融合，在人性提升和能力发展的和谐共存过程中，把"人的全面发展"主题推向极致。

强调"人的全面发展"是现代文明对教育的呼唤与要求，也是高职教育的必然选择，高职教育能促进人的全面发展，主要体现在三个方面：

一是对受教育者实施德育、智育、体育、美育、职业技术等全面教育，使人实现全面发展。每个人的身心素质条件是不一样的，高职教育在实施德、智、体、美教育的同时，给予适合高职学生本人素质条件的职业技术教育，充分调动学生的学习积极性，使其潜在的素质优势得到发挥，进而促进智力、体力协调发展，最终实现全面发展的目标。

二是高职教育把教育同生产劳动紧密结合起来，使人实现全面发展。马克思说："未来教育对所有已满一定年龄的儿童来说，就是生产劳动同智育和体育相结合，它不仅是提高社会生产的一种方法，而且是造就全面发展的人的唯一方法。"高职教育的重要特征，就是在对受教育者实施理论知识教育的同时，重点突出实践性教学，突出对学生劳动能力的培养，将理论与实践相结合，从而为学生奠定全面发展的坚定基础。

三是促进受教育者的人性完美，使其获得全面和谐发展。教育作为一种有目的的培养人的活动，原本就是一种"人"的教育，"人"始终是教育情有独钟的关注对象。而人性是人区别于动物的本质属性。马克思早在《1844年经济学哲学手稿》中就指出：人的全面发展的实质是表现在全面占有自己的本质。马克思主义人性观的教育意义在于，教育必须以人的本质属性为依据，全面拓展人型，从而达到自然、社会、精神诸属性的浑然一体。高职教育是以培养高素质技术性、应用型的人才为目的，但究其根本仍然是培养人、发展人。高职教育通过强调学生的交往与合作、职业道德与共同生存、自我意识与价值定向，以及创造性和主体性等品质的培养与教育，使受教育者成为有独立个性和创造精神的人，促进受教育者的人性完美，使其获得全面和谐发展。

（三）为实现终身教育服务

美国国家职业教育研究中心在 1995 年的《关于生计的教育与培训的立法建议》中提出："美国和其他工业化国家都正朝着以学习为基础的经济发展。单位内部的变化步伐加快，人们工作岗位的频繁流动促使每个人必须随时学习。"1999 年 4 月，联合国教育、科学及文化组织（以下简称"联合国教科文组织"）在韩国首尔召开国际技术与职业教育大会。大会主题工作文件指出："新的全球经济环境要求对技术与职业教育有新的定位，使之更好地回应学生、工人和雇员的要求。技术与职业教育不仅是为劳动世界提供培训，而且必须在终身学习过程中造就新一代劳动者。"德国的《2001 年职业教育报告》也指出、在信息社会和知识、经济全球化的情况下，职业继续教育是未来社会和经济的钥匙。党的十六大报告指出："要形成全民学习、终身学习的学习型社会，以促进人的全面发展。"为此，要发展继续教育，构建终身教育体系。关于终身教育与高职教育的关系将在本书第六章专门研究。

二、高职教育促进科技进步的功能

1809 年威廉·冯·洪堡（以下简称"洪堡"）创办了柏林大学，提出"教学与科研相统一的原则"。由此，德国大学突破了传统大学只重教学的模式，科学研究逐步成为大学职能的重要组成部分。这一改革成果一直延续至今，成为现代高校的重要职能。《中华人民共和国高等教育法》第一章第五条即规定了"发展科学技术文化"是高等教育的任务之一。

目前，高职院校在我国绝大部分高校中都属专科这一层次，虽然整体实力还不是很强，但作为高校的重要组成部分，也理所当然地承担着促进科学技术进步的重要职能，而履行这一职能也就是要进行科学研究与技术开发与服务活动。

近些年，通过院校与教师的共同努力，高职院校在科研能力方面已有了较大的进步。许多教师根据高职教育的规律与特点进行应用技术的开发与研究，也已取得了较好的成效。但是，我国的高职院校大多是从中专升格上来的，不少教师科研根基较弱，成果的质量和档次还不是很高，技术开发与服务的途径还不是很多。高职院校的教师一定要进一步提高认识、转变观念、振奋精神，自觉地投入到教学改革、技术开发与服务科学研究活动中，在教好书的同时尽己所能地做好科研工作。

（一）高职院校是实用性科学与技术研究的主体力量

最早提出大学教育与科研相结合的洪堡认为，大学的研究功能不应该具有功利性。但是，我们应该看到，世界高等教育发展的历史尤其是高等教育研究功能的发展并没有遵循洪堡所指出的方向。现代发达国家高等教育研究功能发展的历史表明，通过开展实用性研究将高等教育的研究功能整合到国家发展过程中，是高等教育研究功能实现的重要途径。而由于高职教育培养的是适应生产、建设、管理、服务第一线的高级应用型专门人才，高职院校与生产、与企业、与社会就非常贴近，遇到的生产、生活问题和与之相关的教育教学方面的问题也就又多又具体。所以，既具有相应专业的深厚理论水平，又具有相应专业的丰富实践经验的高职院校的广大教师无疑应当承担起解决这些应用性问题的重大责任，成为实用性科学与技术研究的主体力量。

在英国工业化过程中，促使其技术进步的重要力量并不来自传统大学，而来自经验性的技术发明。这些经验性技术发明一开始主要来自英国的技术工人培训系统，后来则主要来自非传统高等教育机构。在工业革命过程中产生的新兴高等教育机构是在与传统大学的对抗中发展成长的，与传统大学对工业革命的漠视不同，这些高等教育机构与英国工业界形成了密切的伙伴关系，推动着英国社会的技术进步。这种推动作用主要表现在两个方面：一方面是新兴院校提供与工业革命有关的学科与课程，培养工业社会所需要的技术人才；另一方面是为培养与工业社会相适应的技术人才，新兴高校建立了针对工业化需要的科学研究制度，这些学校的教授和科技人员与企业合作从事有工业发展意义的革新研究，为工业化提供技术创新的动力。例如，伦敦大学国王学院中开设的化学课程，其内容不仅涉及染色、酿酒等技术，部分教授还亲自参与地方化学工厂的建造、技术指导。而像润滑法、煤矿抽水机、钒钢等工艺和产品的开发和改进，都是这些高校研究所取得的成效，这些学校也成为与当地特点密切联系的工业研究中心。因此，从历史上看，在工业化过程中，英国的新兴高校大量从事与经济发展密切相关的应用研究是不争的事实。

美国赠地大学确立了高等学校为地方服务的职能，要求美国高等教育融入农业生产和工业发展过程，并为其解决实际问题。莫里尔法案使州立大学有很大的义务去满足地方产业及地方立法所确定的优先项目。一般而言，只要知识创新的实用价值被确认，它们就可能很快被理解并吸收到大学课程中，以至于林肯·斯蒂芬斯曾有这样的评论：在威斯康星，大学和有文化的农民联系得如此紧密，就像他们的猪圈和工具房一样。另外，为满足当地工业企业的需要而创立的大学研究项目，虽然与培训相结合，但也常形成自身的特性，并且实现了制度化。例如，阿克伦大学的橡胶研究，俄克拉荷马大学在石油化工领域声名显著，伊利诺伊大学和普渡大学一直致力于铁路技术的研究。在美国走向工业化的过程中，有不少美国大学与工业界形成了与培训相结合的人才培养与科学研究制度，在这个时期，美国大学科研的主流不是脱离现实问题从事基础研究，而在于研究并解决现实问题。直到20世纪20年代左右，在美国大学的研究工作中有很大部分仍然着重于解决现实问题。

根据以上事实，我们可以认为，应用研究与产品开发应是当今我国高等教育研究功能极为重要的一个方面。所以，作为发展中国家，我们应该在尽量加强传统高等教育基础研究工作，促使部分科研基础较差的传统大学调整研究功能的同时，特别重视新兴高等院校尤其是实用性高职院校的研究功能，促使高职院校根据自己实验、实训、信息资料条件优越及实用性强的特点与优势，积极从事与国家建设、地方经济发展有密切联系的各种实用研究与发明，建立与自身特点相适应、与人才培养相结合的研究制度。

（二）高职教育是科技转化为生产力的重要中介

科学技术是第一生产力，是经济发展的重要推动力。在竞争日益激烈的国际环境下，国家的发展越来越依赖科技的发展。国家之间的竞争最终体现为科技的竞争。但科学技术毕竟只是知识形态的生产力，而不是现实的生产力，科技对经济发展的贡献，主要表现为科技成果在经济领域的有效推广和应用，即将科学技术转化为生产技术，从而降低企业产品的成本、提高产品的质量、增加产品的技术含量、整体提高企业的市场竞争力、带动经济的良性发展。

但是，我国科技成果平均转化率仅在 20％ 左右，技术进步对经济的贡献率为 30％，低于发展中国家的平均贡献率 33％，与发达国家的平均贡献率 60％ ～ 80％ 相比相差甚远。科技创新、科技成果转化和产业化的数量、质量、规模、速度和效率较低的问题，已经成为我国实现经济增长方式转变和产业结构优化的重要制约因素。尽快提高科技成果转化率是科学技术工作的根本目标之一，也是各级政府、企业界最为关注的议题。

作为国家科技创新体系的重要组成部分。我国普通高等院校拥有一大批科技开发研究人员，承担着一部分应用性和基础性的研究课题，在加强科学研究、积极推动科技成果转化和产业化工作、促进国家高新技术产业化、推动国民经济发展等方面做出了巨大的贡献，每年都能产生大批科研成果。据统计"九五"期间高校承担了 1/2 左右的国家基础性研究项目，1/3 左右的国家"863 计划"高新技术研究项目，1/4 左右的国家科技攻关项目，取得一大批研究成果。但相对于我国高校强大的科研实力，目前的科技成果转化率明显偏低，尽管有 60％ ～ 70％ 的成果能得到不同程度的应用，但其中真正转化为现实生产力的不到 15％。造成科技成果转化率偏低的原因尽管很多，其中非常重要的一点就是高校的科研人员对市场需求缺乏真正了解，他们在选择研究课题时往往容易忽视市场需求，不知道也不想知道市场到底需要什么，与经济社会发展实际相脱离，有很大的盲目性。而高职教育面向实际，直接培养第一线的应用型人才，在教学中安排很多实验、实践、实训课程，教学紧贴市场，与生产、管理第一线关系紧密。因此高职院校的教师相比普通高校教师能更快速、简便地了解本专业行业的现状，更熟悉本专业行业技术发展的走向，知悉目前存在的一些空白点、不足之处。这就给高职院校教师的科研工作指明了方向，在从事科研时，只要把先进理论与实际问题结合起来，辅以科学的方法、独特的思路与手段，科研工作就更容易到位并较快产生成果，从而大大提高科技成果向现实生产力转化的效率。

更为重要的是，应用型人才是推动技术创新和使科技成果转化为生产力的主体力量。高职院校是培养高级应用型专门人才的学校，要想将科技成果转化为现实的生产力，进而推动高新技术产业的发展，就必须通过高职教育培养一大批能在生产企业第一线将科技成果转化为现实生产力的产业技术人才。

三、高职教育的政治功能

无论是原始社会、奴隶社会、封建社会、资本主义社会，还是社会主义社会，教育对社会生产关系的维护和巩固职能是始终存在的。高等学校与国家政治生活、社会生活的关系非常密切。高等学校里青年知识分子比较集中，他们眼界开阔、思想活跃、富于理想和正义感、关心国家的前途。马克思主义思想的传播就是从知识分子开始的，历史上许多革命运动也是高等学校学生首先发起的。我国"五四"运动、"一二·九"运动和中华人民共和国成立前的学生运动，都在不同的历史时期起到了解放思想和传播马列主义的作用。

高职教育作为培养高级应用型人才的社会活动，不仅把专业知识、生产技术传授给下一代，也把一定的社会政治意识、职业道德、生活规范传授给下一代，使他们适应生产力和生产关系的要求，以维护和巩固一定的社会政治制度。在我国社会主义制度条件下，高职教育的政治功能主要表现在以下几方面：

（一）有助于巩固、完善社会主义政治制度

一切教育包括职业教育都是按照一定社会的目的要求为社会服务的。这

就是说，高职教育作为一种社会现象，其性质是由社会性质决定的，而社会的性质则是由社会关系决定的。在阶级社会里，高职教育是由一定阶级的生产关系决定的。正如马克思、弗里德里希·恩格斯在《共产党宣言》中所强调的："支配着物质生产资料的阶级，同时也支配着精神生产的资料……占统治地位的思想不过是占统治地位的物质关系在观念上的表现。"因此，高职教育目的的确定、教育思想的选择及教育方针、政策的制定，无不是为了维护和巩固统治阶级的生产关系。在我国，发展职业技术教育，不仅是提高劳动者的思想道德素质和科学文化素质、实现社会主义现代化的一项具有战略意义的基础性建设，而且对改革社会主义政治体制，完善社会主义政治制度而言具有重要的促进作用。正如《国务院关于大力发展职业技术教育的决定》中所指出的，职业技术教育对于进一步巩固以工人阶级为领导、工农联盟为基础的社会主义制度而言具有特殊的重要意义。

（二）培养具有坚定正确的政治方向的人才

教育对政治的影响和作用，主要是通过培养人表现出来的。在阶级社会里，统治阶级总是利用教育为其培养政治上所需要的人，使受教育者具有他们所要求的思想品德和知识技能，用以巩固和发展他们的政治制度。此外，教育也是宣传思想的工具，它通过教育者和受教育者的言论和行动、学校的教材和刊物宣传一定的思想，造成一定的舆论，借以影响群众，以达到为一定政治服务的目的。正因为教育具有这样的作用，历代统治阶级都要抓住教育这一武器，为巩固他们的统治服务。正如西汉思想家董仲舒所说："古之王者明于此，是故南面而治天下，莫不以教化为大务。"不仅统治阶级非常重视教育，被统治阶级往往也把教育当成武器，培养具有新的思想品质和知识技能的人，而这些人将成为冲击旧制度、建设新社会的主要力量。

当前我们国家正处在社会主义初级阶段，民主集中制是我国政治制度的核心机制，我们的教育是共产党领导下的社会主义教育，教育的目的是培养具有社会主义的思想觉悟和道德品质、掌握现代科学技术知识、立志为社会主义现代化建设奋斗终生的一代新人。这种教育对于巩固和发展我们当前的社会主义政治制度，并最终实现代表人类最高理想的共产主义而言无疑起着至关重要的作用。高职教育是为社会主义现代化建设培养全面发展的高级应用型人才的主阵地，培养高职学生强烈的社会责任感是高职教育培养目标的要求，也是社会主义现代化建设对高职人才素质提出的要求。高职院校可以通过加强国情教育激发学生的社会责任感；通过坚持以马克思列宁主义、毛泽东思想和中国特色社会主义理论体系武装学生，全面贯彻党的教育方针，对学生进行爱国主义、集体主义、社会主义教育，理想与信念、道德与修养、民主与法制教育，形势与政策、历史与现状、优秀传统与现代文明教育，科学思想、科学知识、科学方法、科学精神、科教兴国教育等，引导学生自觉地改造主观世界、树立强烈的社会责任感；通过积极、主动地做好发展学生党员工作，激发学生的政治热情，帮助学生形成正确的政治观，吸收优秀的学生加入党组织，为高等教育的改革和发展提供思想和组织保证，为实现现代化提供智力支持和人才保证。

（三）促进社会主义精神文明建设

高职院校是社会主义精神文明建设的坚强阵地之一。高职教育通过创造具有时代特征和人民群众需要的精神产品，为经济社会发展提供精神动力；通过反对腐朽、消极、颓废的思想道德和文化，建设高层次、高品位、高格调的校园主流文化，不断满足师生的文化生活需要；通过加强校园精神文明建设，不断提高广大师生的思想道德素质、科学文化水平和校园文明程度；通过学校与社会方方面面的联系，生产实习、社会服务等活动，新技术推广活动，社会宣传活动等，对社会带来积极影响，从而发挥高职教育在全社会精神文明建设中的带动、促进作用。例如，宣传党和国家的各项方针、政策，促进树立良好的社会风气，普及建设有中国特色的社会主义理论，推动社会各项改革和法制建设、民主建设，等等。高职院校不断把精神文明建设推向新水平，确保文明建设沿着正确的方向前进。

四、高职教育的经济功能

生产力有三要素：劳动者、劳动资料和劳动对象。其中劳动者和以生产工具为主的劳动资料，都离不开科学技术和教育。其实，劳动对象也是与人的知识和技能分不开的，也同样是离不开科学技术和教育的。例如，各种新型材料，都是经过人们加工制造而成的，甚至是经过长期研究才被发现的。人的身体是劳动力的物质基础，但作为劳动能力来说是很有限的，而且自然的人不能成为生产力的要素，只有通过教育，使劳动者获得知识和技能，具有改造客观世界的能力，人才能成为劳动力，成为生产力的要素。至于生产工具，则必须由人来创造和使用，更是离不开人的智能和教育的。

随着科学技术的发展，人的劳动能力越来越明显地取决于智力，体力的作用相应地减少。据苏联社会科学家的调查，受过高等教育的工人，其发明创造的积极性比只受过初级教育的工人高 30 倍至 40 倍。总之，科学技术是第一生产力，而科学技术只有依靠教育才能为劳动者所掌握。劳动者的培训和教育，属于智力投资，教育本身就是一种潜在的生产力。

历史的经验使许多国家都认识到教育的重要性。特别是在新技术革命的挑战面前，各工业发达的国家都想争得或保持自己的领先地位，不论是美国、日本，还是德国、英国，都在紧张地筹划对策，都在竭力推进教育改革和发展。高职教育作为整个教育系统中与经济发展及科技进步联系最密切和最直接的一种教育类型，更是备受各国关注。纵观经济、科技较为发达的国家和地区，大多把发展高职教育作为促进国家或地区经济、科技乃至整体实力提高的一项"法宝"。跨入新世纪，我国进入了全面建设小康社会、加快推进社会主义现代化建设的新的发展阶段。日趋激烈的国际竞争、社会主义市场经济体制的建设使我国出现空前的人才需求和人才竞争局面，因此，高职教育对我国经济建设的影响更加突出，作用更加巨大。

（一）高职教育为经济建设培养大批高素质应用型人才

20 世纪中叶，随着第三次技术革命的兴起，改变了世界竞争的格局。国家之间的竞争不再是军事力量的较量，而是主要反映在综合国力上。而综合国力的提高集中体现在经济发展上，经济发展又主要依赖于科技进步，科技就成为经济增长的第一推动力。要发展科技，关键就是要源源不断地培养大批高素质、高规格、高能力的现代化人才，形成自己的人才优势，才能抢占竞争的制高点。人才培养的巨大需求，推动了教育的迅速发展，要求教育必须超前进行人才培养，以满足社会科技、经济发展的需要。尤其是随着科技成果不断输出，知识量的剧增，知识社会化、社会知识化特征的日益显现，科技成果转化为现实生产力的周期缩短，经济结构、产业结构、企业结构、产品结构的急剧变化和科技换代，国家和社会迫切需要高级应用型人才。以培养将设计、规划、决策、规范等转化为现实产品或其他物质形态，能够从事成熟的技术应用和运作，实践能力强，能较快适应工作岗位，面向基层、生产、建设、服务和管理一线的高级应用型人才为目标的高等职业技术教育，是高等教育与经济发展联系最紧密、最直接的部分，为经济建设发挥了重要作用。

（二）高职教育有助于解决"结构性失业"

失业和失业人员再就业问题是长期以来困扰世界各国政府的一个重要问题。现代经济学理论认为，失业分为三种：总量失业、摩擦性失业和结构性失业。总量失业，是劳动力总供给大于总需求引起的失业。摩擦性失业，是人们在不同地区、职业或生命周期的不同阶段变动职业引起的失业。结构性失业，主要是经济结构（包括产业结构、产品结构、地区结构等）发生了变化，现有劳动力的知识、技能、观念、区域分布等不适应这种变化，与市场需求不匹配引发的失业。结构性失业通常较摩擦性失业持久，而解决结构性失业主要依靠对劳动力的再教育与培训。

国家经济发展的实质在于实现经济的工业化和城市化。在经济发展过程中的工业化不仅体现为工业产值及其在国民经济所占比重的增长，更表现在经济结构的不断调整、演变和升级上。实现工业化是我国现代化进程中艰巨的历史性任务，我国现代化建设必须坚持走以信息化带动工业化，以工业化促进信息化的新型工业化道路，努力推进产业结构优化升级，形成以高新技术产业为先导的产业格局。长期以来，在我国的三大产业中，一、二产业所占比重均偏大。虽然经过多年的经济发展，我国经济结构逐渐优化，但与发达国家和地区相比，仍存在较大差距。

经济产业结构的调整变化体现在物质生产领域内，即必然有些部门或行业衰落下去，甚至被淘汰，另一些部门或行业则不断兴起、发展。在衰落和被淘汰的部门就业的劳动者，随着经济结构的变化，需要另谋职业，转移工作部门。"十五"以来，我国的产业结构逐步由以农业为主的传统产业结构向第二、三产业加速发展的新型产业结构转变，技术结构由以劳动密集型和传统技术为主转向资本技术密集型的比例不断提高，以高新技术逐步改造传统产业的格局。21世纪初，我国产业结构的变化趋势为以下几点。一是职业结构变化加快，职业岗位出现既有分化又有复合的现象，同时涌现出许多新兴岗位；二是职业分工日趋综合化，一专多能、多工序轮换、多工种复合的要求日增；三是从就业比重看，第一产业继续减少，第三产业则继续增加，就业增长点主要在第三产业；四是职业结构变化向高新技术产业方向发展，向知识密集型服务业发展，向运用信息技术方向发展。在新兴的物质生产部门中，尤其是在日益发展的非物质生产部门中，劳动力往往是不足的。这样的结构性变革势必对人才结构的层次、类别、规格及相应的教育层次结构等提出新的要求。为缓解职工就业转移时滞和部分职工技术技能相对落后造成的结构性失业人数不断增加的局面，社会必然会对与职业岗位技术应用密切相关的职业教育的专业和内容提出更高的要求，职业教育"高移"，高职教育也就应运而生。

除此之外，经济结构的变化不仅包括部门结构的变化，还包括地区结构的变化。原来经济较不发达的地区在经济增长的过程中可能会以较快的速度增长，而原来经济比较发达的地区的经济增长速度则可能下降。这样，经济增长率较慢的地区，或者经济增长率虽高但主要依靠增加技术设备投资实现经济增长的地区，劳动力将会过剩，而经济增长率较高的地区，特别是原来劳动力不足的地区，则有可能出现劳动力紧缺的情况。

以上两种情况的发生，都将造成所谓的结构性失业问题。结构性失业问题能否顺利地解决，就要看劳动力的结构，包括不同技术水平的劳动力、不同工种的劳动力、不同地区的劳动力在劳动力总数中的构成，与经济增长速度及经济结构的变化是否相适应。而发展高职教育事业、增加高职教育事业的财政投入，可以为广大失业人员提供继续教育与培训，提高广大失业人员的知识与技术水平，改善其劳动质量，使他们成为"下得去、留得住、用得上"，实践能力强，具有良好职业道德和综合素质的高等技术应用型专门人才，从而改变人才类型结构和分布格局，使劳动力的结构和知识技术水平适合经济结构变化与经济增长的需要。

（三）高职教育能为发展知识、技术密集型经济提供人才保证

知识、技术密集型经济，是从劳动力质量和技术创新的角度着眼的技术类型、产业部门与产品的一种分类方法的产物，是相对于劳动密集型经济而言的。劳动密集型经济，顾名思义，是着眼于劳动力的数量和普通技术技能的经济类型。在劳动密集型经济中，师傅带徒弟的传授手艺的教育方式、内容，比在正规学校里学习科学文化知识的意义似乎更大一些。马克思早就指出："在以前的生产阶段，范围有限的知识和经验是同劳动本身直接联系在一起的，并没有发展成为同劳动相分离的独立的力量，因而整个说来从未超出制作方法的积累的范围，这种积累是一代代加以充实的，并且是很缓慢的，一点一点地扩大的。"虽然在一定时期，劳动密集型经济在经济发展中起主要作用，但随着经济的发展，劳动密集型经济越来越受到自然资源的限制，如石油、矿产等资源的再生周期较长或不可再生造成的影响，以及生产技术、工艺水平方面的限制，这些使得研究开发知识含量很高的资源替代品和提高生产工艺的技术含量成为发展经济的必然要求。

多年来，我国经济一直保持快速增长。我国经济的快速增长，很大程度上是依靠资本投入、能源消耗实现的，这使能源供给和环境压力日益加大。21世纪前20年，是我国现代化建设的重大战略机遇期，要实现经济社会全面协调可持续发展，必须加快经济增长方式的转变，走新型工业化道路。新型工业化道路从本质上说就是要依靠科技进步和劳动者素质不断提高，就是

要培养数以亿计的高素质劳动者和规模宏大的技能型工人队伍。目前，我国生产和服务一线就急需受过良好职业教育和培训的高素质劳动者。目前世界制造业中心正向中国转移，而中国的经济增长，也主要依赖于制造业的增长。中国要从制造大国转变为制造强国仍面临许多新的挑战。电子信息产品是我国出口的主力，但核心技术和关键部件大都要进口。中国制造业的比较优势正在日益成为全球性共享资源，外资的进入一方面对中国经济有巨大的支持作用，另一方面也使国内产业的发展面临更加严峻的形势。而与此同时，中国制造业面对的国际市场壁垒越来越多。长远来看，先进制造业的核心技术和市场掌握在发达国家手里，"两头在外，中间在内"（市场、研发在国外而制造在国内）的发展模式毕竟是过渡性的。其他的各行各业也同样需要大量的一线技术应用型人才。同时，随着世界级制造商纷纷登陆中国，技术本土化成为难得的商机，高级技术应用型人才的短缺使中国制造业捉襟见肘，更使得一线高级技术人才万金难求。职业教育的滞后、高级技工的巨大缺口，正在影响社会经济、产业的发展。大力发展以培养高级应用型人才为目标的高职教育，可以普遍地、大幅度地提高劳动者的技术水平和熟练程度，从而为转变经济增长方式，即由当前高投入、低产出、高消耗、低效益的粗放型经济增长方式向主要依靠技术进步、提高单位要素的生产效率的集约型经济增长方式转变提供人才保证，从而实现经济的可持续发展。

五、高职教育的文化功能

我们所处的时代是一个"文化时代"，文化在社会生活中扮演着十分重要的角色。在考察一个区域的高职教育发展时，如果只着眼于政治、经济的推动能力，而不将其置身于文化的背景中去考察，是不全面的。

高职教育作为社会文化的主体成分之一，它一方面受文化发展的制约，另一方面又根据自身的内在规律，发挥自身特有的功能，积极能动地反作用于文化，因此，二者间存在一种共生关系。面对当前传统文化、西方文化、多元文化杂糅交错的现实，我们必须从高职教育的需要出发，把文化、历史和现实价值及其蕴含的精神纳入高职教育领域，并从中去改造、发展和创新高职教育，使中国高职教育适应未来的挑战。因此，如何发挥高职教育的文化功能，促进高职教育与文化的良性发展，成为高职教育理论界的一个十分重要的课题。

（一）高职教育的文化传承、保存功能

文化传承、保存功能是一切教育最基本的文化功能。社会通过教育将前人所积累的生产生活经验、伦理道德规范、科学技术知识，有计划地传递给下一代人。正是由于教育活动，人类的文化才能一代又一代地传承下去而不中断。与此同时，教育将人类的精神文化财富内化为个体的精神财富，人类的精神财富便找到了最安全且具有再生功能的"保险库"，教育也就具有了保存文化的功能。

随着社会的不断发展，传递文化的途径也日趋增多。人们不仅可以从学校获取知识，还可以从广播、电视、网络等途径获取知识。但是，不可否认的是，学校以其严密的组织机构、严格的学习计划及科学的学习目的，在社会文化的传递和继承过程中具有不容忽视的作用。高职教育作为高等教育的重要组成部分，其培养高级应用型人才的目标决定了它所传递的文化，除与其他教育所共有的特点外，还具有自身的特点：

第一，高层次。一方面，从课程上看，高职教育作为建立在普通教育基础上的高层次教育，其内容必然是基础文化的深化和精华。另一方面，从对象上看，高职院校学生无论在身体还是心智上都比较成熟，可以接受更深层次知识的熏陶。他们也需要确立正确的价值观念和人生态度，使外在的学习行为内化为自觉的价值判断。

第二，专业化。随着文明的进步，社会分工越来越复杂、越来越精细，这使得经济与社会的发展需要大量具有不同专长的人才。而发展高职教育的出发点和落脚点主要是为地方经济建设、社会的发展及行业发展服务。因此，高职院校都是根据地方的社会、经济、文化、教育、人口等因素来办学的，培养的是面向地区经济建设和社会发展及工作在生产、服务、管理第一线的高级实用人才。其专业设置、课程内容、服务项目都密切适应地方和行业的

需要。目前来看，各国的高职院校基本上都实行专业化教育。因此，高职教育的专业化符合社会发展的需要。

（二）高职教育的文化传播功能

文化的传播，一般指某一社会文化共同体的文化向另一社会文化共同体的传输过程，是单向的；而文化的交流，则是两个或两个以上文化共同体的文化相互传播，是双向的或多向的。文化的交流，对于双方而言都是自我超越的过程，都是向自身灌注生命力和新鲜血液的过程。教育作为传播、交流文化的重要手段和途径，也就具有了丰富文化的功能。历史证明，文化传播和交流都可以通过教育、经济、艺术、体育、宗教、战争等进行，而作为高等教育的重要组成部分，高职教育活动无疑是其中的一条重要途径。

第一，高职教育是文化传播、交流的重要推动力。一种文化要被另一种文化所接受、吸纳，必须让这种文化的语言、文字和内涵为另一种文化所理解，使双方能够在彼此相互认同的基础上进行沟通。部分高职院校就是以培养各类专业外语人才为目标，为国家培养了大量专门的外语人才。因此，高职教育就成了文化传播的重要推动力。

第二，高职院校是文化传播和交流的重要场所。高职院校具有丰富的教育资料和实训基地，为文化与科技的广泛传播和交流提供了极好的条件。高职教师作为既具备较高学术水平又具备较强实践技术能力的特殊群体，既承担着传授知识的重任，又从事着专业的科研工作，是文化传播和交流的重要中介。而既具有一定的理论基础，又具有较强动手能力的高职学生，则是各种文化的重要载体。

（三）高职教育的文化选择、提升功能

文化选择，是指对某种或某部分文化的撷取与吸收或排斥与舍弃，它是人类文化积累的日益加强与人类学习的相对有限性之间矛盾发展的必然结果。而教育对文化的选择是按照一定的社会需求及教育本身的特性进行的。正确、合理的文化选择，将大大加速教育与文化的发展，使受教育者在教育活动中迅速而有效地吸收文化营养，内化为个人的财富，并在社会活动中加

速社会前进的步伐；相反，不负责任、草率的文化选择，其结果将适得其反。教育对文化的选择，是文化进步的一个重要的内在机理，因而教育对文化也具有提升的功能。

复杂多变的文化现实，要求教育能分清主次轻重，区分精华与糟粕，正确对待文化选择。一方面，教育对文化的选择是一个复杂的过程。文化是多层次、多系统和多性质的。文化种类的多样化，使得教育对文化的选择必然复杂化。另一方面，当代科学技术飞速发展，文化积累越来越快，并且处于一个不断发展变化的动态中，因此，教育对文化的选择不可能一蹴而就，只有不断地反复、不断地运作，才能有机地吸收或排斥。对于高职教育而言，有价值的文化资料并不一定是有价值的教育资料。高职教育培养高级应用型人才的目的决定了高职教育在选择文化的过程中必须遵循以下几条基本原则：

第一，符合社会需要。任何社会的教育制度都是一定社会经济制度和政治制度的反映，其内容反映了社会的价值取向。不同时期的社会，教育选择文化的标准也不同。如中国汉武帝时期提出了"罢黜百家，独尊儒术"的文化教育政策，为以后各朝各代的教育发展奠定了初步的基础。因此，教育在对文化进行选择的时候，应选择符合社会需要的文化。

第二，符合教育规律。教育过程受教育时间和教育对象发展水平的制约，因此，文化传递的数量十分有限。鉴于此，只有有效地对客观的、形式上的文化进行选择提炼，将其转化为能够被教育者接受、能够及时内化的文化，才是教育的文化选择价值的真正实现。

第三，适用。高职教育是定向教育，它的培养目标十分明确，就是培养高级应用型人才，而不是"学术型"人才。因此，学生一入学就基本确定了职业方向，与未来的职业岗位有了联系。这就要求学生要掌握必需、够用的基础理论知识，必须具备较强的技术应用能力，不能知识面广博而实践能力相对较弱。这一要求反映在文化选择上，则表现为高职教育对文化的选择不特别强调系统性和完整性，而是以适用性为前提。

第三节　高等职业教育的价值

一、高职教育价值取向的内涵

价值取向，是指对事物价值问题的倾向性认识，或者说，是人们在一定场合以一定方式采取一定行为的价值倾向。它包含两层含义：一是某种事物包含几种价值；二是当几种价值发生冲突时，何种价值要予以优先考虑。教育价值取向在形式上是价值主体的自主选择，包括教育主体和作为主体的教育。教育的价值取向和选择，不但受价值主体对教育本质和功能的认识的影响，还在一定程度上受社会和历史的制约。社会历史的发展有着自己的特点和规律，是不依赖或不完全依赖价值主体的主观意志的。人们只能在社会历史提供的条件下考虑并提出自己对教育的价值需求。所以，教育价值取向，是在主观符合客观的条件下的价值选择，能反映一个国家或民族在一定的历史阶段的社会发展状况和文明程度。

高职教育的价值取向，可以回答高职教育的发展方向问题。它是确定高职教育各层面、各领域自觉变革的指导性前提；它是在时代转型与高职教育自身问题的背景下，实现自我发展与更新的首要问题，也是我国高职教育理论研究的重要问题；它会以潜在和统领的方式影响高职教育的价值选择和行为倾向。高职教育的价值取向可能通过高职教育实践影响广大高职院校的老师、学生与学校教育管理者。为了准确地、具有前瞻性地把握高职教育的定位，提高高职教育自身的质量，所以，对高职教育实践中关于功能定位问题进行价值取向的分析就显得极为重要。

二、多种价值主体的多元化价值取向

在价值取向问题上，价值取向主体起着至关重要的作用，如对价值标准的确立和价值理想的设定，都是由价值取向主体做出的决定。多种价值取向主体由于具有不同的利益需求，他们的基本目标也存在差异，从而形成了多

元化的价值取向。

（一）社会价值取向：本体性价值与社会性价值的统一

社会价值取向以人类这一中性词为价值取向的主体，以社会的整体利益为价值标准。随着人类主体改造世界能力的提高，人与自然、人与人之间的关系不断变化。在对这些变化的根源进行理性反思的过程中，一直被人们忽视的、相对于自然环境力量而存在的关于人类整体生存和可持续发展的全球意识和全球利益逐步得到突显和强化。利益追求反映在思想观念上，就形成了社会价值取向。高职教育的社会价值取向的根本目标和总体性价值评价标准集中体现在本体性价值与社会性价值的统一方面。

新时期的高职教育兴起于 20 世纪 80 年代初期。十一届三中全会以后，一些社会经济发展比较快的城市，为培养本地区经济发展所需要的高级应用型专业技术人员，率先创办职业大学，设置相应的高等职业教育专业。1985 年 5 月 27 日《中共中央关于教育体制改革的决定》指出："逐步建立起一个从初级到高校、行业配套、结构合理又能与普通教育相互沟通的职业技术教育体系"这使高职教育的发展有了政策上的保证，也提高了社会创办高职教育的积极性。近年来，科学技术迅猛发展，知识经济产生了许多与高新技术有关的岗位，这些新岗位急需应用型的高级技术人才，而职高、中专、技校的毕业生在知识技术水平上尚未达到其要求，因此，客观上需要大力培养高等职业技术人才。尤其在我国加入世界贸易组织后，产业结构更要尽快由劳动密集型向技术密集型转变，社会经济的发展对劳动者的素质要求越来越高。正是这种新形势促使职业教育层次的提高，促进了高职教育的大发展。

可见，社会经济的发展推动了高职教育的产生和发展，而地方经济发展的需要更是高职教育发展的最直接动力。高职教育从产生起就首先立足为区域经济建设服务，为服务社会经济建设而存在，并随着社会经济的发展而发展，从而使高职教育在更高层次上实现其社会经济价值取向。

然而，高职教育的社会经济价值必须遵守以"育人"作为自己内在价值中质的规定，离开这种规定必然会模糊价值选择主体与被选择客体的界限，从而失去作为人类文化生命价值的超越性，使高职教育价值取向无从启动，外在价值也丧失了存在的基础。高职教育的外在价值，必须通过培养适应现代社会主义市场经济条件各类职业需要的高等应用型人才来间接实现，而不是将其作为直接的功利性的生产工厂，更不能把人作为具备某种职业属性而丧失人的主体性的工具加以改造。

"育人"是职业教育的内在价值，但育人的内涵及内在价值的内容却来源于社会。社会职业的丰富性决定了高职教育的全面性。在各个历史时期，高职教育价值取向虽然以一种或几种外在价值为主导，但选择了主导，绝不意味着排斥其他价值。价值选择过程是旧主导价值让位于新主导价值的价值结构重新改组的过程，而不是单纯的价值易位过程。

只有牢牢地把握高职教育本体性内在价值和社会外在价值统一的原则，使高职毕业生就业的需要与社会需要相统一，才能更准确地做好高职教育价值目标的选择和定位。

（二）国家价值取向：经济性价值与政治性价值的统一

作为价值主体之一，国家价值取向直接影响其成员的价值取向，国家的高职教育价值观或价值取向将直接"规范"研究者的行为，合理的国家价值取向将会"生产"出规范的高职教育（价值）研究行为。国家价值取向的内涵——国家要求高职教育具备的效用至少有以下两点。①社会经济效用，即职业培训及对社会的实用价值。②政治效用，即培养良好的公民及为政治目标服务。不过，国家主体对高职教育的价值需要同当前和今后一个时期国家的工作重点和发展计划有密切的关系，其基本价值取向是社会的、总体的、历史的和工具的，在人才素质上主要强调生产能力和政治思想觉悟，强调"经济人"和"政治人"的培养。其教育价值取向具有整体性和长远性，追求工具价值，注重教育活动的经济价值、政治价值和科技价值。

教育方针是一个国家制定其教育目的的指导思想。因此，一国的教育方针往往集中反映其教育的国家价值取向。在我国，1958年《中共中央国务院关于教育工作的指示》明确提出："党的教育工作方针，是教育为无产阶级政治服务，教育与生产劳动相结合。"2002 年，党的十六大报告对党的教育方针进行丰富和发展："坚持教育为社会主义现代化建设服务，为人民服务，与生产劳动和社会实践相结合，培养德智体美全面发展的社会主义建设者和接班人。"我国的教育方针尽管在不同时期随着革命和建设事业的发展有所变化，但经济性价值与政治性价值相统一的原则却始终没有改变。各个时期教育方针的共同点也揭示了我国经济性价值与政治性价值相统一的教育的国家价值取向。

高职教育作为整个教育系统中与经济发展及科技进步联系最为密切和最为直接的一种教育类型，国家的高职教育价值观或价值取向也势必体现经济性价值与政治性价值相统一的原则。2005 年 10 月 28 日，《国务院关于大力发展职业教育的决定》中指出，职业教育要"以服务社会主义现代化建设为宗旨""把德育工作放在首位"，就对此做出了很好的阐释。

（三）地方政府价值取向：促进地区经济发展与转变地区人才结构的统一

国外的一些短学制高中和职业技术教育机构往往都从属于一定的社区，由社区举办，为社区服务。我国的高等职业教育现也已大体上明确为地方性事业，大部分职业院校由地方投资建设，接受地方政府的指令，以服务当地经济、社会发展需要为宗旨。因此，高职教育的地方政府价值取向必将对我国高职教育的发展产生巨大而深远的影响。

高职教育的地方政府价值取向是区域经济在越来越依赖高职教育生产的高级技术应用型人才的条件下对高职教育所应有的贡献的价值追求。地方政府要求高职教育成为支撑区域经济发展的支柱，充分发挥其基础性作用，满足区域经济发展的需要。

随着我国经济的不断发展，我国各经济区域也将逐步由劳动密集型向技术密集型转化，将对熟练劳动者和初中级人才的需求转化为对中高级人才的需求，而这些高层次的技术和管理人才都需要由高职教育来提供。

另外，地方政府也看到了高职教育在提高地方国民素质、将低水平劳动力转变为专门技术人才，从而将地方沉重的人口负担转变为适应时代需要的人力资源方面的巨大作用。

在以粗放型为主要特征的传统经济发展阶段，我国绝大部分地区第一、第二产业比重居高不下，而随着经济的发展，大量农村人口的就业方向在党中央和国务院提出的城镇化建设这一战略性决策下都面临着需要转向第二产业和第三产业的状况。这些农村人口最缺乏的就是技术，在不接受更多的教育，不掌握更多的技能的情况下，就无法适应城镇化建设发展需要。因此，地方政府希望通过高职教育将他们转化为高素质技术应用型人才。同时，随着产业结构的调整，许多只有初级技术水平的工人被迫下岗，他们的再就业也只有通过职业培训才能更快地实现，这又使地方政府要求高职院校承担起培训基地的重任。

（四）企业价值取向：零距离就业与可持续发展的统一

随着社会主义市场经济体制的建立，市场调节成为资源配置的主要方式。企业毫无例外地都要进入市场，而在市场经济体制下，企业是以追求最高的经济利益为目标的。

企业为实现自身利益最大化的目标，一个极为重要的方面就是降低成本，而要求高职院校提供能零距离就业的高级技术应用型人才以减少企业的人员培训费用是可供选择的优良途径之一。为此，企业往往要求高职教育培养的人才具有较强的专业知识基础和动手能力，到企业后能迅速进入角色，承担自己的责任，并且肯从基层做起，尽量缩短岗位适应期，在尽可能短的时间内成为企业的有用人才。

另外，为维持人员的稳定以减少企业成本，企业又要求高职学生必须具有良好的职业道德和敬业精神，要有发奋求知、锐意进取、艰苦创业、不断创新的精神。企业希望高职教育培养出来的是综合素质高、适应能力强，有扎实的文化、科学知识基础的、具有巨大发展潜能的人才。

因此，如果一所高职院校不以就业为导向，所培养的毕业生不能适应企业"零距离就业"的要求，其培养出来的毕业生必将在就业竞争中败北。但如果一所高职院校纯粹以就业为导向设置专业和课程，而忽略了对学生作为"全面的人"的教学，学生走向社会工作岗位，他们可能很容易上手某项技能，成为熟练工，但由于他们在人文素质培养上的缺失，他们失去了可持续发展的能力，在激烈竞争中同样处于"弱势"，最后面临的依然是"解聘"。当然，"零距离"只是理想状态，实际就是要求高职毕业生能较快上手进行工作。

（五）个体价值取向：全面素质教育与专业能力培养的统一

个体价值取向包含个人全面发展取向和功利性职业取向。高职教育的个人价值取向集中体现在全面素质教育与专业能力培养的统一。其中功利性价值取向的专业能力培养在高职教育中影响更大。

长期以来，普通高等教育和最初的职业技术教育所遵循的传统的"象牙塔"式的价值取向给高职教育带来很大影响。随着西方发达国家工业化进程的推进，人类拥有的知识总量的迅猛增长和知识更新周期的不断缩短，高职教育的人才培养开始以经世致用为价值取向。这种价值取向以学生专业能力的培养为中心、以满足岗位或职业的需要为导向，认为专业能力是高职学生毕业时必须具备的关键能力。专业能力是在特定方法引导下有目的的、合理利用专业知识和技能独立解决专业问题的能力（包括工作方式方法、劳动生产工具的认识和使用等），与大学的学科性知识并没有一一对应的关系。这就要求高职的教学必须强调岗位的针对性，强调技术教育，强调专业能力的培养，理论成分应以"必需"和"够用"为原则。因此，高职教育必须以专业能力的培养为主干，把学生培养成具有一般的文化知识、较好的专业知识、较强的动手能力、娴熟的职业技能的专业技术人才。

但是，在21世纪的今天，科学技术的发展已经由分化为标志的知识聚集和知识量增加，转化为以交叉、渗透、综合为标志的科技全球化、经济一体化。新型职业人才不仅需要相应的专业知识和专业能力，更需要情感、职业个性、职业人格、合作精神、创新精神及个人风格。这就要求高职教育在突出培养学生专业能力的同时，不可忽略学生的全面发展、忽略学生发展的后劲。21世纪的高职教育必须做到全面素质教育与专业能力培养的有机统一，在突出培养学生专业能力的同时，以全面素质教育为基础，以做人教育为主线，全面关心学生的成长，并为学生的终身学习和全面发展奠定基础。

三、价值取向主体的多元化对高职教育的影响

由于社会价值取向、国家价值取向、地方政府价值取向、企业价值取向和个体价值取向各自所依据的价值标准不同，高职教育形成了多元化的价值理想和价值追求。这些价值理想和价值追求反映了不同主体的利益需求。由于主体利益的需求差异及基本目标的不一致，各类价值取向主体对高职教育提出的价值取向间必然会出现冲突。多元化的价值取向之间的冲突必然会引发高职教育变革，而这是高职教育改革发展和适应性变迁的基本动因。对高职教育提出价值取向的多元利益主体间冲突的结果取决于各种利益主体间的力量对比状况，而这种对比状况能更进一步地决定高职教育改革的基本取向和实践模式，在高职教育改革过程中起着"看不见的手"的操纵作用。而多元利益主体间的冲突绝对不会停留在某一种结果状态，他们对于高职教育的争夺也绝对不会满足于现有的成绩。他们希望扩大高职教育领导权和更为彻底地占有高职教育的机会和成果，从而也按自己的利益取向提出高职教育改革的要求。在这种改革要求的推动下，高职教育总是处于或显著或微小、或整体或局部的改革和发展进程中。因此，从某种意义上说，多元化的价值取向是高职教育变革的基本动因。

第二章　国内外高等职业教育的发展

第一节　我国高等职业教育的发展

一、规模扩张：职业大学的兴办

1978年，党的十一届三中全会确定了把党和国家的工作重心转移到经济建设上来和实行改革开放的战略决策，明确提出了我国社会主义现代化建设大体分三步走的战略目标。经济要发展、社会要进步，突出的矛盾之一是缺乏人才。当时，普通高校数量有限，正处于逐步恢复过程中。普通高中毕业生进入高等学校的升学矛盾十分尖锐，俗称"千军万马争过独木桥"。同时，在我国一些中心城市，经济发展速度明显加快和人才严重短缺的矛盾日益突显。例如，1980年，无锡市工农业总产值和国民生产总值分别达到110亿元和35.55亿元，经济发展势头迅猛，但全市各类专业人员仅占职工总数的8.8%，其中工业系统的技术人员仅占职工总数的4.6%。在占无锡经济90%以上的中小企业及刚刚兴起的乡镇企业中，专门人才所占比重更低。而在国家统招统分体制下，每年分给无锡的高校毕业生数量很少，能到中、小企业及乡镇企业工作的更是微乎其微。在这样严峻的形势下，一些经济较为发达的中心城市提出从本地的实际需要出发，依靠自己的力量，因陋就简地兴办一批高等学校。1980年，国家教委（现教育部）批准建立13所首批职业大学。因为这些学校培养的都是地方经济建设急需的高等应用型人才，所以取名为"短期职业大学"。1984年4月，由江汉大学、金陵职业大学（现金陵科技学院）、成都大学、无锡职业大学、合肥联合大学和杭州工业专科学校（现浙江科技学院）发起，在武汉举行了"全国短期职业大学第一次校际协作会"；翌年成立了"中国高等职业技术教育研究会"。

随着改革开放的推进，我国的经济体制改革也在深入，大批高新技术和先进仪器设备被引进，传统的产业结构逐步调整，我国经济生产领域的科技含量和资本密集程度发生了很大的变化，国际化水平大有提高，对外开放的领域从一般加工业扩展到基础工业和基础设施，这些也对生产第一线的技术、管理和服务人员的数量和质量方面提出了新的要求。因此，人们更加清醒地认识到，发展高等职业教育，是我国改革开放、经济建设和社会发展的迫切需要。1982年，第五届全国人民代表大会第五次会议提出："要试办一批花钱少、见效快，可收学费，学生尽可能走读，毕业生择优录用的专科学校和短期职业大学。"根据这一精神，国家教委在1983年又批准建立了33所职业大学，在1984年及1985年又分别批准建立了22所。1985年5月，《中共中央关于教育体制改革的决定》中提出，"调整中等教育结构，大力发展职业技术教育"，"逐步建立一个从初级到高级，行业配套，结构合理又能与普通教育相互沟通的职业技术教育体系"。20世纪80年代中期，为推动高等职业教育的发展，国家曾从世界银行争取到3 500万美元的贷款，集中支持17所职业大学的建设。在此后的若干年中，职业大学在全国各地有了较大的发展。

职业大学的兴起主要依靠地方财政，由于认识、政策、条件和经验等的限制，发展初期困难重重，一些职业大学在办学方向上发生动摇，并纷纷向普通高校靠拢。1990年，"全国普通高等专科教育工作座谈会"提出职业大学可以分流的意见，会后发布的《关于加强普通高等专科教育工作的意见》提出："现有大多数短期职业大学在服务对象、专业设置、培养目标、培养模式、毕业生去向等方面与普通高等专科学校区别甚微，实际上是由地方举办的综合性高等专科学校。办学部门应根据本地区经济建设和社会发展的实际需要，认真研究这些学校的办学方向。一部分应办成以培养高级技艺性人才为目标的高等职业教育；一部分根据需要，经过上级主管部门审定并报国家教委批准，可以明确为普通高等专科学校。"这些意见，尽管在当时存在较大的争议，但也确实引起了一些职业大学的转向或升格。1991年初召开的全国职业技术教育工作会议及会后发出的《国务院关于大力发展职业技术教育的决定》，虽然提出"积极推进现有职业大学的改革，努力办好一批培养技艺性强的高级操作人员的高等职业学校"，并再次强调建立包括高等职业教育在内的职业教育体系的重要性，但对高等职业教育的发展没有明显的推动作用。

20世纪80年代至20世纪90年代初，我国高等教育发展的重点在于规模扩张和数量增长。职业大学的产生和发展作为这一发展战略的重要组成部分，不可能超越这一时代背景，因而人们普遍认为职业大学主要对普通高等教育在数量上起补充作用。但是，从高等教育改革的层面上看，职业大学的创办代表着一种体制的突破和制度的创新，具有划时代意义。第一，职业大学冲破长期以来中央和省的二级办学体制，主要由中心城市举办，采取多种渠道筹集资金的社会化办学方式及运行机制，表现出较强的地方性。第二，从招生、分配制度入手进行改革，实行收费走读制度，不包分配，这是对传统高等学校管理体制的直接挑战。第三，按照当地的实际需求设置办学专业，培养地方经济发展急需的应用型人才，这是新时期对人才培养模式的有益探索，代表了高等教育的改革趋势。尽管在这一时期，高等职业教育在我国还远未得到社会认同，职业大学创办的初衷也不是以发展高等职业教育为己任，但职业大学的功能和特征逐步引导其走上了高等职业教育的发展道路。因此，职业大学的创办就标志着我国高等职业教育发展的开始。

1995年5月，国家教委印发教职〔1995〕12号文《关于印发〈关于推动职业大学改革与建设的几点意见〉通知》，正式承认职业大学是我国高等教育的一种办学形式，是高职教育的重要组成部分，是国家承认学历的全日制高等学校。此后，职业大学不再改名为专科学校。至此，职业大学和高职教育得到国家的正式认同。

二、内涵发展："三改一补"政策的提出

20世纪90年代以后，我国高等教育规模不足的状况得到一定缓解，而20世纪80年代后期出现日趋严重的高等教育结构失衡问题逐渐成为焦点。

由于经济体制改革的不断深化，我国用人制度发生根本性改变，以毕业生就业难为特征的人才结构性过剩问题引起了强烈的社会反响，高等教育的结构调整成为 20 世纪 90 年代我国高等教育发展的主旋律。

这一时期，高等职业教育的发展得到国家领导人的高度重视。在 1994 年 6 月召开的第二次全国教育工作会议上，江泽民同志指出："要大力发展各种层次的职业教育和成人教育。"李鹏同志指出，高等教育在今后一个时期适当扩大规模的重点是高等专科教育和高等职业教育。李岚清同志强调，高中后的分流要多样化，要培养更多的技艺型和应用型人才。作为当时分管教育工作的副总理，李岚清同志还多次发出积极发展高等职业教育的指示，他在全国各地的考察调研中经常耐心阐述发展高等职业教育的意义、目的和要求。1995 年 9 月 26 日，他给江汉大学题词："办好高等职业教育，为培养更多的优秀应用型人才做贡献。"1996 年召开的第三次全国职业教育工作会议上，李岚清同志再次指出："现在已是研究、解决发展高等职业教育问题的时候了。"他还曾表明，办好高等职业教育实际上是把大专逐步改制为高等职业教育。

根据国情，我国对高等职业教育采取积极发展的方针，即以内涵发展为主，充分利用现有的高等教育资源，把深化改革放在突出的位置。具体来说，高等职业教育的发展要坚持三个"有利于"的指导思想，有利于高等教育结构的调整和已有教育资源的合理利用；有利于中等教育结构的调整和中、高等职业教育的相互衔接；有利于培养基层和农村需要的高级实用人才，为区域经济和科教兴业第一线服务。1993 年 2 月，《中国教育改革和发展纲要》指出："高等教育的发展，要坚持走内涵发展为主的道路，努力提高办学效益。"同时，《国务院关于〈中国教育改革和发展纲要〉的实施意见》进一步明确提出："积极发展多样化的高中后职业教育和培训，通过改革现有的高等专科学校、职业大学和成人高校及举办灵活多样的高等职业班等途径，积极发展高等职业教育。"

由于高等专科学校、职业大学和成人高校有相近的培养目标，基本上同属专科层次，并分属高等专科教育、高等职业教育和成人高等教育，人们将其称为"三教统筹"。确定"三教统筹"作为我国高等职业教育发展的主要途径，而不是一哄而起、盲目地再办一批新校，这是基于我国现有高等教育资源的利用情况和高等教育发展历史的经验总结，是符合我国当时实际的积极稳妥而有效的发展途径。"三教统筹"要通过改革、改组和改制来实现，其中重点是改革。三类高等学校是否紧紧抓住了改革，改革能否深入、能否取得成效是高等职业教育能否健康发展的关键。1994年，全国教育工作会议进一步深化了"三教统筹"的发展途径，确定了"三改一补"发展高等职业教育的基本方针。"三改一补"即通过现有职业大学、部分高等专科学校和独立设置的成人高校改革办学模式，调整专业方向和培养目标来发展高等职业教育，在仍不能满足需要时，经批准可利用少数具备条件的重点中专学校改制或举办高职班等方式作为补充。

作为高等教育结构调整的重要举措，"三改一补"政策的形成和制定，主要从整合和优化我国现有高等教育资源配置的角度出发，初步划定我国高等教育机构的办学分类，并试图把过去的旧专科改造为新高职。这一政策奠定了我国高等职业教育发展的组织主体和基本格局，也为高等教育结构的全面调整谱写了序曲。

三、结构调整：高等职业教育发展的新阶段

1996年开始，我国高等职业教育进入一个新的发展时期，这是因为以下几点。①随着我国社会主义市场经济的发展，经济领域正在实现经济体制和经济增长方式的根本性转变，教育必须要适应这两个转变。②随着科教兴国战略的实施和知识经济的来临，人们开始关注把什么样的高等教育带入21世纪的重大问题，这就要求高等教育加快体制改革和结构调整。③为了加快实现高等教育大众化，我国高等教育开始了跨越式大发展。高等教育中关于学校类型、人才培养模式和人才素质的讨论日趋热烈。④经过几十年的实践探索，人们对高等职业教育的认识不断深化。积极发展高等职业教育，建立和完善一种新的高等教育类型，为社会培养大批实用型人才，不仅是社会发展对高等教育提出的新要求，也是高等教育发展的必然趋势。

加强立法，依法办教。1995 年 9 月《中华人民共和国教育法》（以下简称《教育法》）开始施行。《教育法》是我国教育法规体系中最重要的法律，它全面规范了我国教育改革和发展的重要原则，为落实教育优先发展的战略地位、建立适应社会主义市场经济的教育体系提供了法律基础，为制定其他专项法律和配套的法规、规章提供了法律保障，也加速了其他教育法规建设的进程。翌年，《中华人民共和国职业教育法》正式施行，该法规定："职业学校教育分为初等、中等、高等职业学校教育""高等职业学校教育根据需要和条件由高等职业学校实施，或由普通高等学校实施"。该法的颁布标志着职业教育开始有了自己的专项法规，这是我国历史上第一次把高等职业教育以法律的形式确定下来，第一次在我国教育体系或教育结构中确立高等职业教育和高等职业学校的法律地位。1999 年 1 月，《中华人民共和国高等教育法》实施，该法共八章六十九条。第六十八条指出："本法所称高等学校是指大学、独立设置的学院和高等专科学校，其中包括高等职业学校和成人高等学校。"《中华人民共和国高等教育法》确立了高等职业学校在高等教育中的法律地位。在国家依法治教的推动下，许多省市也出台了法规施行细则，有的省市还专门制定了支持高等职业教育发展的相关地方法规。

深化改革，加快发展。为了加快高等职业教育的发展步伐和加大高等职业学校的改革力度，1998 年教育部在"三改一补"政策的基础上又提出了"三多一改"的指导方针，即多形式、多模式、多机制和深化改革。"多形式"主要指办学形式的多样化；"多模式"主要指人才培养模式的多样化；"多机制"则指高等职业教育办学主体的多样化；"深化改革"指要通过改革来提高人才培养质量，体现高等职业教育的办学特色。"三多一改"是一种探索性的制度创新，对发展高职教育而言具有方向性的指导意义。1998 年 12 月，教育部在《面向 21 世纪教育振兴行动计划》中提出，对于学历高等职业教育，在"三改一补"的基础上，部分本科院校可以设立高等职业技术学院，采取新的办学模式和运行机制，积极探索民办高等职业教育。1999 年 1 月 11 日，教育部等部委印发《试行按新的管理模式和运行机制举办高等职业教育的实施意见》，其主要内容是：调整中央与地方管理职责，逐步建立在国务院领导下，分级管理，地方为主，政府统筹，社会参与的新的管理体制；改变传统的专科人才培养模式，加快专科教育向高职教育转变的步伐；改革现有的运行机制，按新的模式举办高职教育；并决定在 1999 年高校招生计划中，安排 10 万人专门用于举办高职教育。现在看来，这是大力发展高职教育的动员令。1999 年开始，一大批普通本科院校组建了二级学院，加入发展高等职业教育的行列，极大地提高了高等职业教育的社会认可度和影响力。这些二级学院采用新的管理体制和新的运行机制，成为高等职业教育发展中最具号召力的生力军。1999 年 6 月 13 日，《中共中央国务院关于深化教育改革全面推进素质教育的决定》指出："高等职业教育是高等教育的重要组成部分。要大力发展高等职业教育，培养一大批具有必要的理论知识和较强的实践能力，生产、建设、管理、服务第一线和农村急需的专门人才。现有的职业大学、独立设置的成人高校和部分高等专科学校要通过改革、改组和改制，逐步调整为职业技术学院（或职业学院）。支持本科高等学校举办或与企业合作举办职业技术学院（或职业学院）。省、自治区、直辖市人民政府在对当地教育资源的统筹下，可以举办综合性、社区性的职业技术学院（或职业学院）。"2001 年 7 月 26 日教育部在《全国教育事业第十个五年计划》的"战略要点"中提出"面向未来的挑战，努力在构建终身教育体系、推进教育手段现代化和教育信息化、鼓励和支持社会力量办学、发展高等职业技术教育等方面实现重大突破"；在"主要目标"中提出"继续加快高等职业技术教育的发展并进一步办出特色"；在"主要政策措施"中明确提出"在建设好一批综合性和多科性大学的同时，促进多功能社区性职业技术学院的发展，鼓励有条件的地区和市兴办以职业技术学院为主体的高等教育"。这表明，高等职业教育已经成为我国高等教育的重要组成部分，并逐步从高等教育的边缘走向中心。

规范管理，提高质量。1999 年至 2002 年教育部出台了一系列有利于高职教育持续、健康发展的文件，如《高等职业学校设置标准（暂行）》《关于申请国务院授权省、自治区、直辖市人民政府审批设立高等职业学校有关问题的通知》《教育部关于加强高职高专教育人才培养工作的意见》《关于支持中央部委院校进行示范性职业技术学院建设有关问题的通知》等 30 多个文件。此外，教育部还成立了高职高专人才培养工作委员会、各专业大类教学指导委员会，制定了《教学工作优秀和合格评估指标体系》，以加强对高职教育教学的宏观管理和指导。

迄今为止，我国高等职业教育发展格局已初步构建，形成了以职业大学、高等专科学校、成人高校、少数重点中专、部分普通高校的二级学院等办学机构为主体的五种办学形式，培养目标和发展方向日益明确，在教育体系中的地位日趋突显，高等职业教育作为区别于普通高等教育的一种类型的特质日渐鲜明，并越来越得到社会各界的广泛关注和认同。需要指出的是，一种新的高等教育类型从产生到成熟是需要经历一段较长的发展时期的。我国高等职业教育从孕育到发展、从决策到实践，将国外高等职业教育的发展历史和我国普通高等教育的百年光阴相比，我国普通高等教育只不过是正在成长中的新苗，并且其需依赖的发达工业化的外部环境并不完备，同时还受到文化传统及其他社会因素的影响和制约。因此，处于初创和探索阶段的我国高等职业教育的发展面临诸多的困难和严峻的挑战。

第二节　国外高等职业教育的发展

1995 年，联合国教科文组织在《关于高等教育的变革与发展的政策性文件》的导言部分开宗明义地做出一个结论性判断："本世纪的后半叶，在教育史上将成为高等教育不寻常的扩展和质变的阶段。"并强调高等教育面临的问题的性质决定高等教育必须进行一次整个系统范围和制度层面的整体改革。这里所讲的"不寻常"和"整体改革"，主要针对二十世纪六七十年代短期高等教育在欧美各国的兴起与发展。比较而言，风行欧美各国的短期高等教育与我国的高等职业教育同属于一种教育类型。

一、国外高等职业教育兴起的动因

20 世纪中叶，发达国家率先进入以电子计算机、原子能和航天技术为标志的第三次新技术革命时期。新技术革命极大地改变了科学技术体系，其突出的特征是"科学的技术化和技术的科学化"，这一特征使现代科学技术在更高的基础上趋向统一。科技革命极大地提升了技术教育和技术型人才培养的重要程度，科技革命也极大地促进了社会生产力的发展。西方各国在完成战后经济的恢复后，开始进入经济高速发展和产业结构调整时期，从而对人才的规格和类型提出了新的需求，各国产业界强烈呼吁在普及中等职业教育的基础上大力培养更高层次的职业人才。

新科技革命在推动社会经济发展的同时，也推动了教育的现代化。在20世纪前的漫长历史中，高等教育一直在精英主义迷宫中徘徊。20世纪上半叶，美国高等教育率先摆脱精英主义的纠葛，成功地实现了高等教育大众化。此后，高等教育大众化的潮流一发而不可收拾。20世纪60年代至20世纪80年代，在这短短的20年里，一大批发达的工业化国家先后实现了高等教育大众化。一些发展中国家为了早日实现民族经济的振兴，也以高等教育大发展为突破口，超前地实现着高等教育大众化的使命。大众化高等教育不再是发达国家的专利，而成为20世纪高等教育大发展的标志和社会进步的象征。美国学者马丁·特罗（以下简称"特罗"）在深刻审视西方国家高等教育发展过程的基础上提出了著名的高等教育三阶段理论，这一理论很快被很多国家接受，并成为变革高等教育的动力之一。大众化这一新理念对于长达上千年的精英主义传统而言无疑是一场革命，它要求高等教育实行全方位的调整和改革。

另外，二战后，西方一些工业化国家还面临如何安置大量退伍军人的问题；而且随着战后的经济繁荣和要求接受高等教育的人口的骤增，高等教育面临巨大的压力。这一时期又正值西方各国民权运动的高潮期，在各种社会改革议程中，教育民主化进程也成为一项重要议题。社会各界提出"教育机会均等"的口号，并把它列为人权的一项重要内容。民主化浪潮对精英高等教育形成猛烈冲击，人们对传统大学的精英教育模式展开批判，要求高等教育改变单一的学术化倾向，面向大众化、职业化和实用性方面发展的呼声日益高涨。这一倡议在西方国家被广泛认同，成为各政党参与政治竞选的有力筹码，并促使各国政府认真思索教育改革对策，争取在教育民主化运动中有所作为。多国政府相继采取了延长义务教育年限和扩大大学入学名额等办法来适应教育民主化潮流。在扩充大学入学名额这方面，他们采取的主要措施有建立新的高等学校、取消选择性考试、为困难学生提供经济补助等。这一系列措施增加了学生进入大学的机会，从而为高等教育大众化提供了保证。

政府推动也是高等教育发展与变革的重要因素。国家安全学说和人力资本理论为各国政府在教育改革上采取有力行动提供了思想准备。国家安全学说起源于 20 世纪 50 年代，"二战"后形成的东西两大阵营对峙的世界格局。1957 年苏联人造卫星的发射成功极大地震动了西方阵营，使它们惊呼西方技术之落后、教育之乏力。当时处于前沿的国家敏锐地认识到，国家安全有赖于先进的科技和高质量的人才，也就是有赖于高质量的高等教育。为了奋起直追，西方各国高度重视教育，尤其是科技教育和高等教育。20 世纪 60 年代以后，经济全球化趋势日益加强，为了在竞争中取胜，世界各国纷纷努力谋求新的经济发展战略，人力资本理论从理论层面为这一努力提供了答案，并给人们带来对教育的新认识。这一理论从定量的角度揭示了教育对经济增长的贡献，无论对个人还是对国家来说，对教育的投资都被认为是最有价值的投资。教育不仅仅是"消费性事业""福利性事业"，更是"生产性事业"，是能带来巨大经济效益的事业。人力资本理论促进了各国政府与经济界对教育变革的干预，也为国际机构援助发展中国家的教育提供了依据。如 20 世纪 60 年代以后，世界银行改变了以往一味投资发展中国家的经济部门以实现现代化的做法，开始更多地投资这些国家的教育事业，尤其是职业学校的教育。这两种学说，共同为高等教育大扩展做了理论铺垫，一批后起的工业化国家及一部分发展中国家受其影响，也在短期内迅速走上了高等教育大众化之路。

二、主要发达国家高等职业教育机构的建立

20 世纪下半叶，世界高等教育一方面是数量规模的迅速增长，另一方面是结构与形式的多样化，包括教育类型的急剧分化。与此同时，高等教育的

功能和高等教育的类型结构也发生了显著变化。高等教育不仅要继续保持科学研究和知识创新的职能，还要满足社会上多样化的人才需求。传统的单一的大学制度难以适应社会需求，这就需要有多样化的高等教育机构与之适应。20世纪60年代开始，各经济发达国家率先新建了大批所谓"非大学高等教育机构"，在部分国家和地区，这种"非大学高等教育机构"已有与普通大学平分秋色之势。联合国教科文组织称这种现象为"许多国家高等教育体制内的两元现象，但未必是两极的分化现象"。这种"两元现象"就是指在原有的高等教育体系中分化出了一种新的高等教育类型结构，尽管各国的名称不一，但这类高等教育机构的内涵和功能却是相似或一致的，其培养的目标主要是技术型人才。综合而言，这类"非大学高等教育机构"基本特征表现在以下几点。第一，多样性。多功能办学，学生来源广泛，能满足社会多方面的需求。第二，地方性。满足社区需要，成为地方教育文化中心。第三，灵活性。办学形式灵活多样，方便人们就学。第四，职业性。直接面向职业岗位，开设各类职业教育课程，培养技术型应用人才。第五，市场性。以市场为导向，反应灵敏。第六，规模性。普遍容纳大量适龄青年就学，对高等教育毛入学率的增长贡献最大，能满足社会旺盛的需求。

从发达国家的高等教育发展史看，随着高等教育的大众化和普及化，高等教育机构必然会呈现多样化和分层化的趋势，高等教育发展模式也呈现多元化的特征，高等职业教育成为高等教育多元化发展模式中最活跃的分支。研究表明，发达国家的现代化和工业化历程无不伴随着高等职业教育的大发展。值得注意的是，由于历史文化传统和社会经济文化的差异，各国高等职业教育的发展具有不同的特点和特色。现以四国高等职业教育发展举例如下：

（1）美国

美国是发展高职教育较早的国家，主要的办学机构是社区学院和技术学院。社区学院建立于20世纪初，由于其办学初衷仅仅是四年制高等院校的预备教育，没有形成自己的特色，在形成初期一直未得到稳定发展。二战后，特别是20世纪60年代以来，社区学院改变办学方向，以职业技术教育与培训为主要职能，同时兼顾其他适合自身的教育职能，因而得到了快速发展，成为二十世纪六七十年代美国高等教育人数增加的主要渠道。社区学院或初级技术学院具有入学条件较宽、课程设置灵活、实用性强、收费低廉、学生就近入学等特点；学制以两年为主，学生毕业可获副学士学位；培养目标为技术员。技术学院既有两年制，也有四年制。四年制本科招收高中毕业生，学生毕业后获学士学位，培养目标为技师。社区学院以公立为主。社区学院在美国高等教育中举足轻重。据统计，在美国 3 000 多所高等院校中，社区学院有 1 200 所，占 40 %；社区学院在校生有 1 000 多万，占美国大学生总数的 44 %，而且目前正呈上升趋势。数以千计的社区学院不仅构成了美国高等教育"金字塔"的基础，而且因其办学特色在世界高等教育界受到了广泛的赞誉。美国著名高等教育家克拉克·科尔说："美国高等教育有两次伟大的革新——19 世纪的'土地赠予运动'与 20 世纪的社区学院运动。"威廉·杰斐逊·克林顿说："社区学院是美国的最佳特色。"

（2）德国

德国高等职业教育起步于 20 世纪 60 年代，其主要机构是高等专科学校和职业学院。高等专科学校是 1968 年至 1969 年由工程师学校及一些高级专科学校发展而来的，学制三年，培养目标为工程技术人员。高等专科学校在 1990 年达到 122 所，约占德国 248 所高等学校的一半，它所培养的毕业生在 1990 年占全国高校毕业生的 34 %。由于高等专科学校适用性强，学生就业前景好，在德国颇受欢迎。"向高等专科学校进军"已成为德国高中生的常用语。德国科学委员会在其公布的一项建议中，也称高等专科学校是未来德国"工业社会典型的高等学校"。职业学院创建于 20 世纪 70 年代初期，招收中学毕业生，采用"双元制"职业教育的传统经验，注重发挥学校与企业的各自优势。职业学院的训练期三年，分阶段地使学生在学术上和职业资格上达到与高等学校毕业生相当的程度和资格。学生就业比较顺利，大多数学生在毕业前就与用人单位签订了合同，被提前录用。目前，这类教育机构已发展为以专科层次为主的高等职业教育机构，现已在 9 个州开办了这种学院，其总数已超过 30 所。

（3）法国

法国实施高等职业教育的机构主要有两类，一类是高级技术员班，另一类是短期技术学院。高级技术员班创办于 1956 年，通常附设于技术高中，学制两年，招收普通高中或技术高中毕业生，培养高级技术员，授予毕业生"高级技术员证书"。20 世纪 90 年代，在失业率高于 10 % 的法国，这种班的毕业生一年内就业率明显高于本科生。1995 年，法国全国共有 600 多所技术高中办有 1 900 多个高级技术员班，在校生总数达 22.5 万人。这种高级技术员班已成为法国实施专科层次职业教育的重要力量。短期技术学院创办于 1966 年，主要招收高中毕业生，开设两年制职业性质的课程，旨在培养熟练的高级技术员，授予毕业生大学技术文凭。短期技术学院设置在综合性大学内，附属于综合性大学，由中央倡导及领导，地方政府支持与赞助。20 世纪 70 年代以来，短期技术学院发展较快，1966 年仅有 13 所，学生 2 000 人；1985 年增至 67 所，学生 6 万人；1995 年达到 88 所，学生 10.3 万人。短期技术学院是法国 60 年代高教结构改革的产物，大学创办技术学院最初负有多项使命：满足经济发展所需要的高级技术人员；发展面向地区的技术教育；强化为区域经济服务的职能；将高等教育与工艺技术教育相结合，以取代高级技术员班；等等。

（4）日本

20 世纪 60 年代是日本职业教育，尤其是高中后职业教育发展最为迅速的时期。一方面，短期大学获得了官方的认可，取得了应有的法律地位；另一方面，日本又逐步增设新型的高等教育机构，创立了五年制的高等专门学校。

短期大学是"二战"后日本高等教育改革的产物，办学特点与美国的社区学院类似，专业设置灵活多样，并且职业针对性强，因而毕业生就业率很高，为日本经济发展提供了大批应用型人才。短期大学以满足女性对高等教育的需求为主（60 % 的学校仅招女生，91 % 的生源为女性），专业以应用文科居多，私立较多（占 85 %），校均规模不大。高等专门学校的宗旨是"教授高深的专门知识与技能，培养职业所需要的能力"。高等专门学校招生对象是初中毕业生，实行五年一贯制，把高中与大学两个阶段连接起来，实施职业技术教育。高等专门学校招生以男生为主，学生须考试入学，专业以工业类为主，采取小班制教学，重视学生职业技能的培养，毕业生很受用人部门的欢迎。20 世纪 70 年代，日本为了满足短期大学和高等专门学校学生继续学习深造的要求，先后成立了两所技术科学大学，主要招收短期大学和高等专门学校的毕业生，学制四年，授予毕业生硕士学位。

随着各国"非大学高等教育机构"的建立和高等教育多元化模式的发展，传统的大学与非传统的新型高等教育机构之间，如何建立合理的职能分工，以及在实现各自培养目标和发展各自特色的前提下，如何加强相互之间的沟通与联系，已成为高等教育大众化过程中教育政策的一项重要课题。

三、国外高等职业教育发展的共同特征

（1）政府推动

社会需求只是高等职业教育发展的外部条件，高等职业教育能否快速健康发展取决于各国政府的重视和支持情况。二十世纪六七十年代，发达国家的高等职业教育与普通本科教育相比得到更快的发展，实质上就是政府干预和推动的结果，其途径和措施主要为：①确定高等职业教育机构在高等教育体系和社会发展中的法律地位，通过立法给予保证。②适时调整高等教育政策，加强高等职业教育与社区经济发展间的联系，强化其社区服务功能；推动高等职业教育机构与产业界的合作，人才培养满足社会各界的多样化需求。③政府是高等职业教育机构的办学和投资主体。

（2）以法促教

发达国家都普遍重视职业教育立法工作，用法律来保障和规范职业教育的健康稳步发展。在发展高等职业教育的过程中，各国都制定和出台了一系列法律法规，使职业教育的发展法制化。美国早在 1862 年就颁布了历史上第一部具有职业教育性质的法案 ——《莫雷尔法案》，促使职业教育成为美国高等职业教育的一部分；此后，又相继通过了《史密斯休士法》《国防职业教育法案》《1963 年职业教育法》《学校—工作多途径法案》等，保证职

业教育的地位和作用。德国 1969 年颁布《职业教育法》，规范各类职业学校的设置标准；1976 年颁布《高等学校总纲法》，明确规定高职教育在高等教育中的地位；1981 年又制定了《高职教育促进法》。日本政府在 1961 年通过《学校教育法部分修改法案》确定高等专门学校制度后，又在 1964 年再次通过法案，正式承认短期大学的法律地位。法国和英国在最近 20 年内也先后颁布了一系列职业教育的立法和规程。

（3）特色见长

各国高等职业教育发展的一条重要经验就是强调适合自身特点的办学形式。各国高等职业教育机构建立的时间大都比较短，其办学条件和社会影响与传统大学不可同日而语，但由于其鲜明的办学特色，这些机构日益赢得了社会的广泛认可与欢迎，成为各国高等教育结构中不可缺少的组成部分。例如：美国的社区学院、日本短期大学和英国的多科技术学院，都以课程设置灵活、实用性强、能适应各类学生的不同需要而著称；德国的高等专科学校、日本的高等专门学校则以培养高质量的技术型工艺人才而独树一帜。因此，切实的办学定位，既有利于拓展教育功能，又有利于拓宽其生存和发展空间。

（4）注重办学模式和人才培养模式的探索

发达国家高等职业教育发展的特点表明，只有具有特色的办学模式和人才培养模式才能使高等职业教育适应市场需求和走向国际化。在办学模式上，代表性的有德国的"双元制"、美国的"合作教育"、英国的"工读交替制"和日本的"产学合作"，其目的都是加强教育部门与生产部门、学校与企业之间的紧密联系，突出行业和企业在高职教育办学和人才培养中的作用。在人才培养模式上，有影响的是以加拿大、美国为代表的以职业能力为基础的教学模式，以英国和澳大利亚为代表的以能力为基础的教育与培训模式，以德国为代表的由企业和学校共同担负培养任务的"双元制"模式等，这些都为国际职业教育的发展提供了成功的范例。

四、国外高等职业教育的改革趋势

（1）高职教育层次高移化

高职教育作为一种教育类型，其内涵并没有设定教育层次，而随着社会的进步和教育普及化水平的提高，社会对教育提出了多样化的需求，高职教育层次的高移成为必然。这种趋势，较典型地反映在联合国教科文组织1997年修订的《国际教育标准分类法》中。实际上，一些发达国家和地区已经发展了本科和研究生层次的高职教育。美国从20世纪60年代后期开始创办本科水平的技术教育，培养技术师；1969年全美四年制技术教育毕业生有2 858人，1982年有8 325人，截至1990年全美约有技术师20万人。日本在1976年建立了两所技术科学大学，主要招收高等专门学校和短期大学的毕业生，学制为四年，相当于大学的后两年加硕士两年，学生可获得硕士学位。由此可见，在本科层次分化出职业技术教育，是世界技术教育发展的共同趋势。

（2）职业教育终身化

终身教育思想的核心是使人的一生成为学习和工作不断交替、相互结合的过程。实施终身教育的目的就是培养具有不断学习、掌握和开发新技术能力的人，以适应各种职业变化对熟练劳动力和各种专门人才的需要。按照"大职业教育观"，高职教育将被纳入终身教育体系；按照终身教育的观点，职业教育不应该是一种早期终结型教育，而应该是一种贯串人的整个职业生涯的教育。因此，当代高职教育的发展将突破传统的学历教育模式，代之以新的强调人的全面发展的教育模式，把职前职业教育与职后继续教育结合起来，保持前后的连贯性和一致性，成为延续终身的职业教育系统。教育终身化在许多国家的职业教育制度改革实践中都有体现，尤其是以经常性的在职培训为主要形式的职业教育，已经受到普遍重视。

（3）推行国家职业资格制度

高等职业教育的非学历教育主要由职业资格证书教育、技术等级培训和岗位培训、职业培训组成，其中特别重要的是职业资格证书教育。当前，在一些发达国家中，职业资格证书的重要性日益明显。对于不少专门职业，如国家公务员、医生、教师、律师等而言，学历文凭仅是从业者获得职业的基本条件，他们还必须经过相应的职业资格教育、通过严格的审核、取得相应的职业资格证书，才能进入职业生涯；另外，一些职业并不强调学历文凭，只要受过必需的职业培训，获得职业资格证书即可；此外，现阶段在国际上，一些互联网行业出现了各种高技术、高水平的国际职业资格证书。因此，发达国家推动高等职业教育和培训的一项主要政策，就是全面推行职业资格制度、建立职业资格体系。例如：英国在1986年开始进行各种职业资格统一化的教育改革，建立了国家职业资格体系；德国也通过制定统一的培训规章，将职业资格置于国家统一的管辖中。国外的职业资格制度具有四个方面的特点，即职业资格制度的严肃性、职业资格考核或鉴定机构的权威性、职业资格的动态性和时效性、职业资格与学术资格的同等性。

第三章 高等职业教育人才培养

第一节 高等职业教育人才培养的特点

高等职业教育是以就业为目标，培养生产、建设、管理、服务第一线的高级应用型人才的教育。"培养"就是指"按照一定的目的长期地教育和训练"。高等职业教育在培养模式、培养目标、培养过程、培养手段等方面都具有自身的特征。

一、培养目标特点

培养目标是指各级各类教育培养的人才规格及其质量要求，是教育教学的基本依据。培养目标定位是对培养的人才规格和质量进行界定和规范的过程。职业教育发展到现代，无论是理念、方法，还是特点都发生了很多变化。现代高等职业教育越来越走向社会、走向市场，其培养目标的定位也必须紧跟经济与技术发展变化，它不是静态的，而是动态的。

随着经济社会发展，特别是全球经济一体化和知识经济的到来，社会对高级应用型人才的需求更趋于多元化，不仅需要传统意义上的学术型、工程型人才，同样需要技术型、技能型人才。高职教育的目标就是培养与我国社会主义现代化建设要求相适应的，掌握本专业必备的基础理论和专门知识，适应生产、建设、管理、服务第一线需要的，德、智、体、美等方面全面发展的高级应用型人才。"高级应用型人才"作为高职院校的办学目标定位，不仅是一种理性思维使然，也是高等职业教育对现代经济生活的一种对接与呼应。

二、培养规格、过程和质量特点

（一）培养规格特点

高职人才培养规格是其培养目标的具体化，是设置课程、确定教学内容的主要依据，它涵盖德、智、体、美等各方面。"德"体现的是人才培养目标的政治标准和思想素质，要求高职学生具有服务基层、勇于实践的思想，实事求是、言行一致的作风，爱岗敬业、踏实肯干的态度，以及勤于思考、努力探索、敢于创新的精神。"智"主要指的是知识，要求高职学生具备一定的知识素质，包括文化基础知识、现代科技知识、专业知识及专业实践能力。"体"体现的是培养目标的物质基础和心理素质，要求高职学生具备健康的体魄和良好的心理素质。"美"则要求高职毕业生要有高尚的情操和健康的审美情趣。德、智、体、美等四方面构成了培养目标的整体要求，各高职院校的具体培养目标正是通过这些方面的不同要求体现出来的。

高职学生应具备较高的综合素质，其中又以能力元素为核心，即要求高职学生具备较强的专业实践能力（主要是岗位技能）、协同共事能力、学习能力及良好的工作态度等。在急剧变革的新时代，工作环境、人际环境、思想环境的变化很快，特别是在开放化的社会环境中，人们对高职学生的适应能力、合作能力、公关能力和交往能力等都提出了新的要求。在科学技术日新月异的今天，创新能力对高职人才而言也特别重要，在当前，创新能力主要体现在创业能力上。

高职培养规格应当具备与高等教育相适应的基本知识、理论与技能，既以较强的实践动手能力和分析、解决生产实际问题的能力区别于普通高等教育，又以较宽的知识面和较深厚的基础理论知识区别于中等职业技术教育。

（二）培养过程特点

高等职业教育从其培养过程来说，应以专业实践能力为重点构建教学内容与课程体系，这是体现高职教育特色的根本保证。为突出学生专业实践能力的培养，要不断深化"工学结合、校企合作"。在教学内容上，基础理论教学要以应用为目的，以必需、够用为度，专业课教学要加强针对性和实用性。实践教学作为实现高职培养目标的主体教学环节之一，主要目的是培养学生的专业实践技能，在培养计划中占有较大比重，在整个培养过程中占据重要位置。实习作为巩固高职学生专业理论知识、培养学生理论联系实际和分析解决问题的能力、锻炼他们操作技能的重要阶段，是高职人才培养过程的重要环节，对高职人才培养目标的实现而言举足轻重，一般要求高职学生在毕业前要有半年以上的顶岗实习经历。高职院校都应有较好的校内实践教学条件与校外实训、实习基地，在培养过程中要特别重视实践教学环节，给学生实践操作的机会，做到"教学做合一"。实践性教学应在仿真或真实的职业活动氛围中进行，突出体现"高标准、严要求、强训练"的特点，把对学生的职业技能的训练与职业素质的训导有机地结合起来；既要训练学生的职业技能，又要注意结合教学内容对学生进行职业素质的培养，如团结协作、讲求效益、勤俭节约、注意安全等方面的培养，以全面提高学生素质。目前，不少高职院校三年制专业的实践教学时数占总学时的比例都超过了 40 %，根据专业的实际情况，不少专业已接近或超过 50 %。

在整个培养过程中，高职院校应以职业技能训练和岗位能力培养为中心来组织教学，采取多种形式，强化实践教学，以达到预期的高职人才培养目标。

（三）培养质量特点

随着高等教育的招生规模不断扩大，高职在校人数不断增多，高等教育逐渐由大众化向普及化方向发展。过去精英教育的单一性的质量标准不再适用于高级应用型人才的评价。高职人才的质量如何，要由社会评价，特别是要由用人单位来给出评价。所以，高职教育应坚持以市场取向为主的质量标准，市场是多样化的，高职教育的质量标准也应是多样化的。目前来看，较强的操作技能，特别是第一线岗位职业技能，是用人单位衡量高职毕业生质量的主要标准。

对高职学生质量的考核方式不应是单一的，而应是灵活多样的。高职院校应采取多样的考核方式，将理论与实践、校内与校外、态度与成绩、平时考核与期末考核相结合，考试类型采取笔试、口试、操作相结合，笔试采用开卷闭卷相结合的形式。并要注意突出对学生专业实践能力的考核。

高职教育应培养工作现场与生产一线"用得上、下得去、留得住"的人才。随着职业准入制度的普遍推行，具有专业职业资格证书的高职毕业生，往往更受用人单位的青睐。因此，除获得毕业证外，职业资格证书也应成为高职学生在校期间的追求。现在不少高职院校明确规定学生毕业前必须获得与专业相关的一种或多职业资格证书，即双证制或多证制。

第二节　高等职业教育人才培养的路径

教师队伍的水平对人才培养的质量起着非常重要的作用。教师是学生学习的主导，是学生成长的领路人，只有高素质的教师，才能培养出高素质的学生。在高等职业教育迅速发展的今天，教师对实现高职培养目标而言发挥着重要的作用。高职人才培养目标的特殊性，决定了高职教育教师队伍的特殊性。

一、高职教师的职能

教师不论是以个体还是以集体的形式出现，都既代表该群体在社会中的身份与地位，又反映社会对教师群体行为模式的期望，包括行为方式、品德修养、学识水平等。现代社会的复杂性、科技发展的快速性、高职教育的特殊性决定了高职教师职能的多样性。高职教师具体应有哪些职能，概括起来主要有六个方面。

（1）贯彻、执行党的教育方针

高职教师要坚持社会主义办学方向，贯彻执行党的教育方针、政策、法律法规，围绕高职培养目标努力完成自己的教育教学工作，不断更新自己的知识结构，以适应教育改革、技术更新和专业发展的需要。

（2）传授文化知识、专业知识和专业技能

传授文化知识、专业知识及专业技能是传统职业教育的职能。高职教师在传授文化知识时，要注重"突出应用、强化素质"，注意培养高职学生作为"社会人"的一般能力。在传授专业知识时，要注意培养学生良好的专业意识和专业学习能力，注意适当拓展学生专业理论知识的深度和广度，培养学生继续学习的能力。在专业实践教学中，要突出应用能力与创新能力的培养，特别要加强专业技能的培养，这是高职学生能力结构的重要方面。加强专业技能培养的主要目的是满足一定的岗位针对性，缩短毕业后的适应期。

（3）开发学生智力，提高学生素质

智力是人的一种内在潜力。高职教师对学生的教学不应是简单的传道、授业、解惑，而要重视学生的智力开发，要通过揭示当前职业岗位领域里的新思想、新知识的科学性，激发学生的学习热情、开发学生智力、提高学生素质。教师对学生的智力开发、素质养成作用是其他人难以替代的，特别是教师自身的行为方式、科学态度、治学精神、学术造诣对学生的潜移默化的作用是很深远的。

（4）技术开发与技术服务

技术开发与技术服务是高职教师的职责之一，也是改革教学内容，将实际生产中的新知识、新材料、新标准、新工艺、新设备、新技术融进课堂的重要手段。校企合作是高职院校培养应用型人才的重要途径。因此，高职教师要有充分利用企业资源的意识，积极进行技术开发和技术服务，及时将企业中的先进技术吸收到教学中。在此过程中，教师的专业实践能力、协作能力和理论水平也可以得到提高。

（5）科学研究和知识创新

有人认为高职教育不宜提产学研结合，这是片面的，教学本身就需要研究，搞好研究要以更好地促进教学为目的，"花盆里长不出参天树"是有一定道理的。关于高职教育中教学与科研的关系，有人提出"以科研为先导，以教学为中心"的原则，大抵是合乎实际的。科学研究不仅可以大大提高教师的教学能力和创新能力，而且能营造良好的科研氛围，对改进教风、学风和校风而言具有非常积极的作用。学校的主体资源是教师，学校的科学研究和知识创新是教师的重要职责。

（6）教学改革和学校管理

教学改革的主要承担者是教师。教学过程中的专业开发、课程设置、教学内容更新等诸多领域要依靠教师的教学实践才能完成。不充分调动教师的积极性，教学改革只能是纸上谈兵。此外，包括教育教学在内的各项学校管理，必须有教师的参与。因此，高职教师既是管理者，又是被管理者。

二、高职教师的能力

能力是人认识、改变、完成某种活动所具备的有机活力，它具有实践性和直接现实性的特点，是人适应社会的直接手段。高职教育既然是高等教育的重要组成部分，高职教师就应具有高等院校教师的一般能力；同时由于高职教育的特殊性，高职教师的能力要求也要有其特殊性。从目前来说，要强调以下几方面的能力：

（1）专业开发能力

高职院校的专业是按社会职业的需要设置的，并且会根据社会职业岗位的变化及时调整。它不同于普通高等教育，所设专业在很大程度上是根据学科建设需要及学校是否具有学术带头人来设置的。一个优秀的高职教师应熟悉其专业领域内相应职业岗位从业人员必须具备的能力。同时，由于科学技术日新月异，在各专业领域中会不断地出现新理论、新技术和新工艺，以及由此产生的职业岗位的分化与综合，高素质的教师应能敏锐地察觉这种变化，并据此开发出有发展前景的新专业。

（2）实践动手能力

高职教育与学科教育的区别在于前者培养技术应用型人才，强调实践动手能力的培养，后者培养理论研究、工程设计型人才，强调理论知识的系统性。高职学生培养的全过程都强调专业实践能力，要培养学生的专业实践能力，首先教师自己应具有较强的实践能力，特别是要有娴熟的动手能力。

（3）教学创新能力

任何创新与创造都必须根植于批判与继承。高职教育的理论和实践还有许多未知领域亟待探索，囿于传统的教育教学模式，没有怀疑、批判精神，没有开拓进取精神，是不可能有所作为的。除专业开发外，高职教育的教学计划制订、课程体系构建、教学内容更新、教学过程实施等都没有现成的模式可套，需要高职教师在实践中改革、探索与创新。这就要求高职教师必须具备一定的教学创新能力。

（4）技术应用与开发能力

高职院校要坚持校企合作、工学结合的人才培养模式，必须不断深化与企业的合作，不仅要求教师不断深入生产一线、工作现场进行实践锻炼，也要求教师具有技术应用与开发能力，能为企业提供相应的技术服务。

三、高职教师的素质

素质是指人在先天生理的基础上，受后天环境和教育的影响，通过个体自身的认识和社会实践养成的比较稳定的基本品质。高职教师的素质包括多方面的内容，需特别强调的是业务素质、人文素质、道德素质和身心素质。

（1）业务素质

业务素质是高职教师知识水平和教学能力的综合反映。在知识经济快速发展的今天，教师的知识结构要不断更新。要想传授学生"一碗水"，教师自己需要有"一桶水"，这不是一桶盛满了就不变化的死水，而应是一桶不断更新的活水。也就是说，高职教师要有强烈的知识更新意识，要不断地自我完善、自我提高。

（2）人文素质

人文素质不仅具有知识性、技术性、实用性和时尚性，更具有精神性和智慧性。比如现代教育意识是指能适应并促进教育发展的社会思想、知识修养、伦理道德、文化底蕴等的总和。现代教育意识是社会现代化、教育现代化的产物，包括法律意识、主体意识、竞争意识、科学意识、创新意识和信息意识等。最主要的是主体意识，在现代市场经济中，主体意识要求每个人都对自己负责，成为自己命运的主宰。没有主体意识的人，将在激烈的社会经济变革中被淘汰。

人文素质和科学素质不一样：一位对科学精神没有自觉意识的人，并不代表他掌握的科学知识对个人和社会毫无用处；而一位对人文精神没有自觉意识的人，即便满腹经纶，也不能很好地为人类服务。人文知识只有在人文精神层面上，其价值才能得以体现。科学、技术、经济等诸多事业的发展可以靠一部分人替代另一部分人完成，唯独人文精神是每个人"分内"的，不可能由别人来代替，必须由自己亲自树立、亲自体验。

教育人的工作是一种十分复杂的社会活动。教育的对象是活生生的人，他们的志趣、爱好、性格千差万别，这就要求教师要做长期、复杂、细致而又富有创造性的工作。因此，教师应加强自身人文素质的修养以便更好地服务于教学、服务于社会。

（3）道德素质

道德素质是体现一个人思想道德观念和精神面貌的一种内在品质。教师的道德素质是在从事教育的过程中形成的比较稳定的道德规范和道德品质的总和，是调节教师与他人、教师与集体、教师与社会间关系的行为准则。其内容包括教学过程道德、教育科研道德、师生关系道德、教师与同事的关系道德、教师与社会的关系道德、仪表风范道德等。发展我国的高职教育，要求高职教师有正确的价值观和道德观，否则危及的可能不仅仅是一代人。

（4）身心素质

身心素质包括健康的体魄、良好的心理品质和健全的人格。良好的身心素质是高职教师从事教育教学、提高实践能力、进行科学研究的前提。有了良好的身心素质，教师在工作过程中遭受挫折时才能有足够的心理承受能力，才能在艰苦的工作中不怕困难、奋力进取，不断激发创造热情。

四、高职的"双师型"教师

高职教育要求以能力为中心设计课程体系和教学内容，突出技能训练，一般各专业实训教学环节的比重要达到40%，工科专业的实践教学比重一般要在50%以上，学生毕业后便能顶岗工作，适应期很短或基本不需要适应期。显然，要达到这样的培养目标，没有一支"能讲会做"的"双师型"队伍是行不通的。

与一般教师不同，"双师型"教师是拥有双重身份和双重素质的教师。他们既要有从教的资格，是教育教学的行家里手；又要有职业经历，能够及时掌握企业信息，了解技术发展变化的趋势，熟悉或精通相应专业的技术和业务。他们有的是企业的工程师或技师，又兼任职业院校的教师；有的是学校的讲师或教授，又具有与其专业相适应的实践技能。

具有"双师"素质的教师队伍是提高高职人才培养水平的关键。可以这样说，教师队伍是职业院校建设和发展的关键，而"双师型"教师又是它的脊梁。职业院校要培养生产、建设、管理和服务第一线的应用型人才，就要教会学生懂技术、会操作、能应用。这些操作应用能力大都是在书本里和黑板上学不到的，需要通过教师的实践性教学去学习。现在的高职教育一般要求毕业生在获得毕业证的同时还要获得与专业相关的职业资格证书，即实行"双证制"，这就必然要求高职有"双师型"的教师。因此，高职院校的教师（特别是专业课教师）不能光在教室里"种田"，在黑板上开"机器"，要求教师不仅应具有丰富的理论知识，而且应具备丰富的实践经验，懂技术、会操作，能解决专业实际问题。

教育大计，教师为本。"双师型"教师是实现高职人才培养目标、办出高职特色、提高高职人才培养质量的关键。目前我国大多数高职院校都不同程度地存在着"双师型"教师短缺现象。在教师队伍建设过程中，高职院校普遍存在以下一些共同的困惑：①直接从学校毕业到高职院校任教的人多，有实际工作经历的人少；②来自生产一线工作现场、实践经验丰富又懂得高职教学的兼职教师少；③高级职称教师有现场经验的少。这些都造成了实训指导教师的短缺。

以上这些问题的出现，势必影响高职人才培养的质量与水平，高职院校宜采取以下应对措施激励"双师型"队伍的建设。①教育行政主管部门与省级人事部门应参照生产、建设、管理、服务第一线的专业人才评定办法，着手研究、制定高职教育系列职称评定标准，从制度上保证"双师型"教师队伍的建设与发展。②学院应在制度上、政策导向上向积极参加社会实践的教师倾斜。如在确定专业带头人、骨干教师时，要求具有一年及以上企业实践经验，有一定的科研技术应用能力。③充分发挥经济杠杆的作用，通过分配制度改革使教师获得实惠，是学院"双师型"教师队伍建设的重要条件。多劳多得，优质优酬，这是社会主义市场经济条件下的分配原则。面对日趋激烈的竞争，要想站稳脚跟、谋求发展，学院就必须根除吃大锅饭、搞平均主义的思想，让那些教学水平高、有实践动手能力、有技术服务能力的"双师素质"教师得到实惠。④加强对教师实践教学能力的培养，通过继续教育、挂职锻炼等方式让教师不断充实知识，以适应教育形势的发展。结合短期培训、上送下派、内引外联，取得劳动人事部门及其相关部门的支持，激励教师潜心钻研业务，提高技术应用能力。

第三节　高等职业教育人才培养模式

一、人才培养模式的内涵

（一）模式

"模式"是一个外来词，在现代汉语中出现的时间并不长。《现代汉语词典》1978年版还没有这个词，2016年版对"模式"的解释是"某种事物的标准形式或使人可以照着做的标准样式"。

国内学者对模式有过各种各样的定义：根据对现实模式的考察，可以认为模式是客观现实的主观再现，且具有一定的理论形态；可以是对客观实践中某一事物现有运动过程的归纳或理论抽象；也可以是在某一理论的指导下，针对事物运动目标预先设计的运动程序和运动方式。如王铁军在《教育现代化论纲》一书中将模式定义为"实现目标的方法、手段、方案、措施的总称"，是到达目标彼岸的"桥"或"船"。由于模式含义的非单一性，在实践中人们对模式概念的理解和运用可以不同，设计者也可以给予模式不同的赋值。一般而言，"模式"的赋值有两个不同的大类：一类如王铁军的定义，仅包含实现目标的方法和手段；另一类则包含模式所要达到的目标，是目标与方法的总和，如《21世纪初叶的中国高等教育》对人才培养模式的定义。

再看模式的作用。从实践上看，模式凸显了目标，并将实现目标的手段、方法、途径和程序等以一种理论化的形式表现出来，使目标具有可预测性、可观测性和可操作性。这犹如工程设计图样或模型，可事先考察其合理性与成功度，可根据目标的要求或变化对模式进行调整或修正，以保证目标的实现。从理论上看，研究模式有助于我们抓住事物的主要矛盾或矛盾的主要方面，抓住事物的特色部分进行研究，将事物的主要因素、关系、状态、过程突显出来，以简化问题解决的途径，减少运动过程的曲折性。总之，在科学方法论中，模式是一种重要的研究方法。

（二）人才培养模式

无论是教育教学的实践探索还是理论研究，人才培养模式的赋值一般既包含目标又包含方法与手段，如徐毅鹏在《21世纪初叶的中国高等教育》中认为："人才培养模式是教育者根据一定的人才培养目标，为受教育者设计的知识－能力－素质结构，以及实现这一结构采取的培养方式。"这个定义有两层含义：第一是培养方式；第二是受教育者的知识－能力－素质结构，而知识－能力－素质结构是培养目标的核心。因此可以说，人才培养模式是人才培养目标和培养方式的总和。可见，人才培养模式既提供了明确的目标，又提供了实现这一目标可操作的方式和手段，使培养目标不仅是一种主观构想，而且具有一系列可实施的行为，揭示行为趋向、提供行为手段、规定行为路线，使人才培养活动能呈现规范化的可操作状态。

根据系统论的观点，一个系统是由若干子系统构成的，那么人才培养模式则是由若干子模式构成的，如培养目标模式、教学模式、管理模式、评价模式、招考模式等。在诸多子模式中，目标模式和教学模式是培养模式的主体，且大体上确定了人才培养模式的性质。而教学模式的主体又是课程模式。这里涉及一个模式层次的问题，在人才培养模式与教学模式之间，人才培养模式属于上位模式，教学模式属于下位模式，而在教学模式与课程模式之间，教学模式又属于上位模式。

"培养目标模式"一般应该是某一类培养目标的共性概括，但有时也可表示为某种具体的培养目标。人才培养目标是一定时期的社会发展需要在人才培养工作中的反映，是一个历史范畴，具有鲜明的时代特征。任何一个时代的人才培养目标都取决于该时代的政治、经济、文化等方面的发展水平和具体要求，这是教育的基本规律。

关于"教学模式"，国内外学者研究较多，但并未形成统一的认识，因此也没有严格的定义。美国学者布鲁斯·R.乔伊斯和玛莎·威尔对教学模式的定义影响较大，他们认为，教学模式是构成课程（长时间的课程学习）、选择教材、在教室指导和其他环境中进行教学活动的一种计划或范式。实质上，教学模式是开展教学活动的一整套方法论体系，是在一定教学思想或理论指导下建立起来的较为稳定的教学活动框架和活动程序。教学模式是教学理论的具体化，又是教学经验的系统概括。教学模式的理论基础，过去主要为哲学认识论和教育学，当代教学模式的理论基础则要广泛得多，如心理学、系统论、控制论、信息论等。作为培养模式的主体，教学模式的目标、程序、条件和评价也构成了培养模式的目标、程序、条件、评价等的主要部分。教学模式针对的是具体的教学过程，培养模式则针对整个人才培养过程，虽然在某些场合，狭义上的培养模式也被人们等同为教学模式，但在层次和范围上是不同的。对教学模式的研究，可以帮助我们从整体上综合地认识和探讨教学过程各种因素之间的关系及多样化的表现形式，有利于我们从动态上把握教学过程的本质和规律。

再看"课程模式"。课程是指课业的进程，是把教育思想、观念、目的、宗旨转为具体教学实践之间的中介。课程设置是否合理、课程质量的高低、其实施是否有效都直接关系到教学质量和人才培养质量的好坏。"课程模式"不是某一具体专业的课程方案，而是开发与设计课程类型、课程结构和课程内容的原则、思路和流程框架。课程模式的作用在于为具体专业课程方案的设计者提供操作方法和程序，为课程实施者（教师、学生）提供宏观标准与要求，为课程管理者提供管理手段。在某些狭义的场合，也有人把课程模式等同于教学模式，但从整个人才培养过程看，课程模式从属于教学模式。

二、高职人才培养目标模式

（一）人才观与高级应用型人才特征

因为人才培养模式是培养目标和培养方式的总和，所以培养模式的构建应以培养目标的确定为前提，而培养目标的确定又要以一定的人才观作为理论基础。在世界高等教育的发展过程中，有过许多不同的人才观，从整体智能结构的角度来归纳，大约有以下几种。①专才教育观，典型的有德国的"专才教育"，特别是著名的"洪堡传统"。我国在苏联经验基础上形成的"专业教育"大体上属于专才教育。②通才教育观，以美国的"通才教育"为典型，同时在日本和英国也推崇通才教育观。我国蔡元培先生主张"沟通文理"，提倡通才教育、反对专才教育。③通专结合教育观，认为专才必须建立在通才的基础上，通才必须有专门的知识，如新加坡博与专相统一的"均衡教育观"。

人才观也是与一定的社会政治体制、文化背景及经济、科技的发展水平相关联的。联合国教科文组织国际教育发展委员会在一份报告中指出，每项教育行动都是指向某个目的的一个过程的一部分，这些目的受普遍的和最终的目的的制约，而这些普遍的、最终的目的基本上又是由社会确定的。教育的最终目的是通过学校的人才培养实现的，要研究面向知识经济时代的人才培养目标，就要认真分析知识经济的动向和趋势、科学预见未来社会对人才的需求状况，特别是要分析影响人才整体智能结构的变化因素、树立科学的人才观。就面向知识经济时代的高等教育而言，影响人才培养观和人才培养目标的主要因素有科学技术的综合化趋势、产学研一体化趋势、经济全球化趋势等。而对高等职业教育人才培养目标更直接的影响因素主要有产业结构变化、工作现场的岗位与职业变化、教育的终身化趋势、可持续发展的理念等。

那么，面向知识经济时代的高级应用型人才应具有哪些特征呢？我们认为应具有适应性、实践性、综合性和创造性特征。"适应性"是相对于"针对性"而言的。有的高职院校在借鉴国外高职培养模式时，没有充分研究学历教育与职业培训的区别，要求毕业生上手快，较多地强调针对性，而忽视了对知识结构的要求。适应性要求学生掌握足够的基础理论，知识面要宽，要具有较强的适应能力。"实践性"是相对于传统的"理论性"而言的，对实践性的要求是高职教育的特色所致，生产一线和工作现场的高级应用型人才，需要较强的实际工作能力，特别是动手能力，毕业时应能胜任一两个主要职业岗位的实际工作。"综合性"是相对于传统的"专业性"而言的。过分强调专业性，会导致专业面过窄，就业竞争能力不强。在生产和实际工作中，具有传统单一技术的人过多，而具有较强综合能力的人太少，以致发达国家一个人可做的事，我们要三四个人才能干。许多企业领导都反映，非常需要懂技术、懂管理又懂经营的综合性人才。美国未来学家阿尔文·托夫勒认为："我们当前的任务是要像一个通晓多门知识的综合家而不是某项专门问题的分析家那样去思考问题，我们已处于一个新的综合时代的边缘。""创造性"是相对于传统的"常规性"而言的，主要指具有合理的智能结构。创造性思维能力强的人，具有积极的个性品质，在非智力因素方面具有更强的优势，不仅具有就业竞争能力，还具有较强的创业能力。

要使培养的人才具有上述特点，传统的"专才观""通才观"或一般意义上的"通专结合观"都有相当的局限性，而应建立知识、能力、素质和谐统一的综合素质教育观。在知识、能力、素质三者的关系中，知识处于表层，是能力、素质的载体，能力处于里层，是转化知识、体现素质、适应社会的中介，素质是内核，是稳定的品质和素养，又是获取知识和能力并发挥其作用的基础。只有三者和谐统一的人，才是全面发展的人。知识、能力、素质和谐统一的综合素质教育观，事实上是以马克思主义关于人的全面发展理论为基础的，人的全面发展包含了人的可持续发展。我们要以综合素质教育观为基础构建高职人才培养模式。

（二）高职人才培养目标模式及知识－能力－素质结构

培养目标的核心是知识－能力－素质结构，即知识－能力－素质结构。高等职业教育的培养目标，总体上说是培养生产、建设、管理、服务第一线的应用型人才。但由于行业不同、地域不同、学校特点不同、专业和生源不同，培养目标的具体内涵是有很大差别的。从现阶段看，确定人才培养目标要注意以下一些因素：

首先，高职教育属于高中后教育，随着生源的多样化，知识－能力－素质结构也应多样化。普通高中生、职业高中生、普通中专生、中等技校生其文化基础和专业起点都不同，知识－能力－素质结构也应不同。有的高职院校办了五年制高职，招收初中毕业生。五年制高职沟通了中职与高职教育，有其特殊性，但其文化基础、年龄特征等与高中后教育有较大的差别，应认真研究其特点，构建一种特殊的知识－能力－素质结构，才能发挥五年制高职长学制的优势。此外，目前高职以专科层次为主，培养应用型人才的高职是包含本科层次教育的，因此要认真研究知识－能力－素质结构在层次上的差别。还有一个大的差别，就是行业的差别，农林、医卫、工业、财经、管理等各类高职教育各具特点，要因类而异。

其次，"生产、建设、管理、服务第一线"是个很宽泛的概念。第一，高新技术广泛进入生产一线和工作现场，产生了许多与高新技术有关的职业岗位，如计算机辅助设计制造技术员、网络技术员等；第二，随着第三产业的兴起，服务行业产生了大量新的职业岗位，如旅行社代理人、广告设计师、高级护理等；第三，由于社会活动和生产的复杂程度提高，许多社会职业岗位出现既分化又复合的现象，分化比较典型的如会计专业，有工、商、税务等会计，复合现象如数控机床的编程、维修人员等。因此，在设计知识－能力－素质结构时，一定要考虑具体的技术内涵、技术发展态势和就业走向。

面对迅速发展的知识经济，建立一个怎样的知识、能力、素质结构才符合高职教育的特色呢？总的来说，高职教育应选择加强基础知识、注重综合素质、突出技术应用能力、坚持职业特色的培养方针。

知识是人类社会在长期的实践中积累下来的关于客观事物及其规律的科学认识的成果。传授知识历来是学校教育的主要职能，即便是21世纪，知识在人才培养中仍具有基础性地位。作为高级应用型人才的高职学生，应具备足够的专业基础知识、丰富的计算机知识及英语知识、一定的人文科学和管理科学知识，以及继续学习和持续发展的能力。

能力是指人认识、改变、完成某种活动具备的有机活力。能力具有实践性和直接现实性的特点，是人适应社会的直接手段。能力培养是人才培养的关键，是高职教育的主要任务。能力可划分为三个不同的层次：智能、技能和才能。智能直接来源于知识的转化。技能是指外部直观的行为动作，也可由知识转化而来，但更多的是通过实践训练获得的，高职教育要求受教育者掌握较高技能。才能是技能、智能和个性品质的统一，是内化升华了的能力，是能力的最高层次，表现为开拓、创造、综合等能力。面向知识经济的高职教育应培养学生哪些方面的能力？除较强的专业实践能力外，高职学生还应具备较强的表达和交流能力、有效地获取和利用信息的能力、积极主动获取知识的能力、合作共事与竞争的能力。竞争与合作是现代社会的基本人际关系，这与"学会关心"和"学会生存"的理念是一致的。

"素质"原为心理学术语，但现在"素质"的内涵已远超心理学范畴。素质教育要使学生学会做人、求知、劳动、生活、健体和审美，为培养具有健全人格的职业者奠定基础。高职学生的素质应包括思想道德素质、专业素质、科学文化素质和身体心理素质。只有这些素质和谐统一，才是一个完善的人，这就是综合素质教育问题。对高职学生的素质教育要特别强调吃苦耐劳、扎根一线的思想，要强调专业素质、实践精神，还要有健康的体魄和具有承受挫折的心理品质。一个人的综合素质，很大程度上受情商的影响，加强人文素质教育、充分发挥个性特点、充分发挥情商的作用、培养学生的个性特长是高职素质教育的重点。

三、高职教育人才培养的教学模式

（一）国外高职教学模式的特点与局限

我国高职教育教学模式大都是在借鉴"计算机辅助教育""双元制""模块式技能培训"等模式的基础上发展起来的，用得最多的计算机辅助教育是20世纪90年代初从加拿大引进的。计算机辅助教育属能力本位教学模式，是以胜任职业岗位要求为出发点的教学体系，其培养目标是使学生具备适应某些具体岗位的能力，针对性强。目前许多高职院校都倡导这种能力本位教育模式，并用教学计划开发分析法进行课程开发。但计算机辅助教育一般不顾及基础理论的深度与宽度，不强调学生的继续学习能力。德国的"双元制"是指学校教育与企业培训结合，其特点是学生具有双重身份——学生和学徒；有两个培训场所——学校和企业。我国于 20 世纪 80 年代中期开始引进"双元制"，截至 1995 年，世界共有 25 个国家引进了该模式。但从 20 世纪 90 年代中期开始，"双元制"出现了危机，主要因为其存在与计算机辅助教育类似的问题，即不适应新技术发展而带来的行业结构变化且培训成本昂贵。但德国政府与不少专家仍认为"双元制"不失为向企业提供高素质劳动力的有效途径，因此在培训工种、标准、课程内容等方面进行了大量改革。"模块式技能培训"是国际劳工组织于 20 世纪 80 年代初开发的一种技能培训方法，其主要特征是以岗位确定培训内容，个体式学习方式，组合式学习材料。其教材形式是"学习单元"，一个学习单元代表某个单项的知识或技能，每项工作任务作为一个模块。

分析"计算机辅助教育""双元制""模块式技能培训"模式，其共同的特点是：①针对性强，知识和能力结构都针对具体的职业岗位设计，以具体职业岗位的应用能力培养为主线。②校企合作，"双元制"是典型的校企合作、"教学做合一"的形式，而计算机辅助教育的教学计划开发表也是依靠企业来制定的。③强调自主学习和个性化学习，充分发挥学生的主观能动性。这三种强调能力本位教学模式的引进，对树立正确的职业教育观，使高职教育从传统学科体系剥离而言起了较大的作用。但是，这三种教学模式主要是针对职业培训的，对基础理论的整体性和深度、广度没有要求，因而对高职学历教育存在较大的局限性，特别与终身教育观和可持续发展理念不太合拍。

（二）高职教学模式及其课程模式的构建

国内的高职院校大都推行"以能力为中心"的教学模式，这是从计算机辅助教育演变而来的。由于强调素质教育和学生的继续学习能力，近两年不少学校对"能力中心"的内涵和课程设计原则进行了调整和补充，如增加了人文社科的学习内容，要求专业理论有一定的深度和广度。虽然如此，这种能力中心教学模式仍存在局限性。要构建一个符合高职教育特点的教学模式，目前应注意以下几方面的问题。①由于高职教育的类型、层次、目标的多样性，其教学模式也应是多种多样的，应根据各自的对象、特点、条件、环境进行不同的探索，这是教学模式的针对性问题。②经济和科技发展的快速性、社会人才需求市场的多变性、就业市场的竞争性决定了教学模式要不断地进行调整，以适应新的变化，这是动态性问题。③高职教学模式的构建要在产学研结合的过程中吸取养料，要有用人单位的专家参加，这是实践性问题。

与教学模式有关的还有教学实施的途径、方法、教师与教材的选择、教学过程管理、教学目标考核等内容，这都是要在教学实践中不断探索的课题，教学模式的主体则是下述的课程模式。

在20世纪90年代发展起来的高职教育课程模式中，影响较大的有三块式课程模式和"集群式模块课程"（又称"宽基础、活模块"）模式。三块式课程模式在湖南、江苏、四川等地的高职院校应用较广泛，它将全部课程设置为三块，即公共课、专业理论课、专业实践课。公共课的主要功能是文化素质教育，其次是为专业课服务和学风养成教育；专业理论课的主要功能是使学生掌握较扎实的基础理论和专业发展动态，培养良好的专业学习能力和专业意识；专业实践课的主要功能是使学生掌握主要职业岗位所要求的实践能力，特别是实际操作能力。三块式课程模式扬弃了传统学科体系的三段式，为专业实践课单独划块，使其不再是理论课的依附，突出了实践能力的培养。

另一种是国内学者蒋乃平先生总结出来的"集群式模块课程"模式。该模式提供了高职课程开发的框架和思路，其主要特点为：①以综合职业能力的形成作为课程目标的核心；②"宽基础"，注重基础知识学习，强调继续学习能力和在相关职业群内的转岗能力的培养；③其课程结构由四大板块组成，即政治、文化类板块（语文、数学、政治等）、工具类板块（英语、计算机等）、公关类板块、职业群专业类板块；④活模块的"活"体现在小模块种类活、模块内容活、学校与学生对模块的选择活等。

上述课程模式在当前高职教育中具有一定的代表性。当前各高职院校实际应用的课程模式大都吸收了上述课程模式的长处，具有以下几点共性。①突出了能力培养主线，这种能力不仅仅是传统意义上的动手能力，而是一种内涵丰富的职业能力，强调外语、计算机的应用能力的培养。②在课程内容上注意到学生继续学习和发展的需要。③课程体系整体上剥离了传统的学科体系，少数课程（比如数学、物理）仍尊重学科性。④采用模块式课程结构，因而具有较大的灵活性，可在一定程度上实行因人施教、因材施教。但也存在一些共同的问题：①虽然注意到素质教育问题，但对人文素质的要求强调得仍不够，在全面素质教育方面仍有欠缺；②培养学生的创业精神和创新能力的问题尚未引起足够的重视，也没有找到合适的途径；③在解决职业岗位的针对性和就业的竞争性、适应性方面，在拓宽基础与加强实践能力培养方面，仍存在一些矛盾。

可见，高职课程模式的构建尚有许多亟待解决和探索的问题。在具体的课程模式开发过程中，宜遵循以下几点原则。①方向性原则。教学内容和课程体系是实现和谐统一的知识－能力－素质结构的主要保证，因而高职课程模式应以培养高级应用型人才为根本任务，按具体的知识－能力－素质结构进行设计。②综合性原则。高职对基础理论知识和应用能力都有较高要求，实践性教学所占课时比例较大，因此必须对有关课程进行综合化处理，以提高教学效益，保证教学质量和特色。③适应性原则。为使教学内容和课程体系适应人才就业市场的需要，适应专业技术和现代社会的发展需要，课程模式也要不断地调整。④个性化原则。教学内容和课程设置要注意多样化、个性化的特点，满足不同学生的需要，使学生的兴趣爱好和个性特点得到充分发挥，充分体现"以人为本"的原则。

目标模式与教学模式构成了培养模式的主体，人才培养模式的其他子模式也需进行理论研究和实践探索。例如：管理模式，高职院校的管理是一个值得探讨的大课题；评价模式，目前普遍的观点是应将学生的就业情况作为评价教学质量的重要依据；招考模式，随着高等教育大众化程度的加深，作为大众化教育的重要实施主体之一，可考虑实行多种招考模式。

四、高职教育人才培养模式的特征

特征是人或事物特有的性质。系统论认为，考察一事物的特征，可以将其视为一个整体，这个整体通过端口与外部发生作用与联系，如果端口处的某些属性对外部因素而言，具有一定的稳定性，则这些属性就是该事物的特征。高等职业教育是高等教育的重要组成部分，其培养目标和培养方式应符合高等教育一般的特点和规律，因此研究高职教育人才培养模式的特征，必须考察高等教育人才培养模式的共性特征。而高职教育作为高等教育的一种类型必定有其特殊性，其人才培养模式也应具有自己的个性特征。

（一）共性特征：多样性和动态性

什么是高职教育与其他类型高等教育人才培养模式的共性特性？国内外学者对高等教育人才培养模式及其特征有过许多研究，但由于观察方式、思考角度与逻辑起点的不同，其结论也多种多样。高等教育是整个教育系统中一个相对独立的教育门类，是在完成高中教育基础上实施的专门教育。社会在不断地发展，教育也在不断地发展，高等教育更是与社会的发展共同前进，且在不同发展阶段表现出不同的特点。这使得高等教育的人才培养模式及其特征也是发展变化的，具有过程性。考察当今各种各样的高等教育人才培养模式，其共性特征主要有两个，即多样性和动态性。

首先，看多样性特征。现代社会是个多样化的社会。人的外部环境、条件、个性、智力、要求、目标及愿付出的代价是多种多样的，社会对人才的需求也是多种多样的，这就决定了高等教育的多样性。多样性的高等教育必定要有多样的人才培养模式去适应，就形成了人才培养模式的多样性特征。在高等教育大众化的时代，其多样性特征尤为突出，甚至可以说，高等教育的多样性特征是随高等教育大众化的到来才出现的。

高等教育的多样性在教育形式上主要表现在以下几方面。①生源的多样性。目前在高等教育的生源中，除普通高中毕业生外，还有职业高中生、中专毕业生、技校毕业生、高中毕业或肄业的社会青年和在职人员，以及五年制高职招收的初中毕业生。②学制的多样性。目前，高等教育的学制有两年、三年、四年、五年不等。③层次的多样性。目前，高等教育的层次包括专科、本科、研究生及短期培训等。④学习方式的多样性。学习方式包括全日制住宿、走读、半工半读、远程教育、自学考试、函授教育等。⑤高等教育机构的多样性。教育机构包括研究型大学、综合性大学、一般本科、普通专科、高职院校、成教学院、干部学院、广播电视大学、远程网络大学等。这种教育形式上的多样性，在高职教育中表现得尤为突出，它几乎涵盖了上述所列生源和教育机构种类的全部。

不同的生源、层次、学习方式、办学机构等教育形式上的多样性，必定造就多样的培养目标、培养规格，需要多样的教学内容及教学实施的途径和方式。例如：高等科学教育主要培养基础科学、技术科学的研究和设计人才；高职教育主要培养生产、建设、管理、服务一线的高级应用型人才。高等教育的形式、培养目标、规格乃至教学内容与方式的多样性，能适应各类各层次高级人才培养的要求，进而满足社会对高级人才的多样化需要。

大众化时代的高等教育质量问题是高教界最近关注的热点。无疑，多样化的高等教育必须有多样化的质量观。过去往往用一个统一的尺度要求和衡量所有高等学校的教育质量，这个尺度就是传统的以本科为主的精英教育标准。这种单一的质量标准会对大众化的发展方向产生误导。如目前高职教育特色不突出、社会认可程度还不是很高，虽然原因很多，但与社会及办学者对高职的质量期望与质量把握是很有关系的。因此，政府应尽快建立不同高等教育特别是高职教育的质量标准和科学的评估指标，并努力引导社会树立多样化的高等教育质量观。总之，多样化的质量标准和质量观应与多样的培养目标、规格和教育形式相适应。

其次，看动态性特征。教育的本质是通过文化使个体社会化，也就是使人的个性发展与环境及社会需求相协调。动态性特征是指人才培养模式不是凝固的，而要不断地调整，不断地适应变化的情况，使高等教育培养出的人才能适应社会变化的需要。人才培养模式的动态性主要由经济和科技发展的快速性、人才需求市场的多变性决定。

第一，当今世界科学技术突飞猛进，学科在高度综合和不断分化中发展，

73

新学科、新技术不断出现。联合国教科文组织的资料显示，当代基础科学和技术科学已分别有 500 多个和 400 多个专业领域。有专家估测，知识的年淘汰率已接近 20 %，信息技术更是如此。人在大学阶段只能获得一生所需知识的 10 %，其余 90 % 要通过工作后的继续学习获得。科学技术这种日新月异的变化必须及时地反映到高等教育中，也就引起人才培养模式的变化。

第二，由于产业结构调整，职业与技术岗位的变化，许多原有的职业与岗位被淘汰或被注入新的内涵，新的职业大量产生。如在工业发达国家，由于信息化、自动化技术的发展，原有的技术工种消失了 8 000 多个，新的技术工种产生了 6 000 多个。这就使社会对人才的需求出现了多变性，就业市场的竞争也愈益激烈。因此，作为以人才培养为主要任务的高等教育必须紧跟社会的变化，使培养的人才能适应职业和岗位变化的需要，这也使得人才培养模式要不断地调整变化。高职主要培养面向生产一线和工作现场的应用型人才，因此其对职业与技术岗位变化导致的人才需求变化格外敏感，其人才培养模式的动态性更大。

第三，新技术新知识的发展使高等教育的思想、观念、手段、方式、途径等发生着巨大变革，如现代教育技术，多媒体技术的广泛应用，随互联网出现而发展起来的远程网络教育等，这些也会使人才培养模式发生变化。总之，一方面，社会诸多因素如政治、经济、文化、科技对高职教育的人才培养模式产生综合作用，推动旧的人才培养模式的改革，同时形成新的培养模式；另一方面，不同的人才培养模式又以不同的功能反作用于上述诸多因素，从中接受客观实践的检验，使人才培养模式不断完善。因此，坚持积极探索与改革，是人才培养模式不断完善的基本途径。

（二）个性特征：应用性与实践性

高等职业教育的人才培养模式除具有上述共性特征外，还具有不同于高等科学教育的一些个性特征，也就是应用性与实践性。

高职教育人才培养模式的应用性特征是与其培养目标关联的。吕鑫祥教授认为按社会的需求，人才总体上可分为两大类。一类为发现和研究客观规律的学术型人才；另一类为应用客观规律为社会谋取直接利益的应用型人才，应用型人才又可分为工程型、技术型、技能型三种。姑且认为上述分类可用于高职人才培养特征的研究，那么高等职业教育培养的主要是技术型人才。技术型人才的主要职能是将工程型人才的设计、规划等转化为物质形态或对社会产生具体作用，如工艺工程师、农艺师、会计等。技术型人才要求掌握必需的理论基础，否则所掌握的技术智能性不强，难以适应技术迅速发展和职业不断变化的需要，但不必像学术型和工程型人才一样系统深厚，而更强调理论的应用形态。而现场工作的复杂性和变化性，对技术型人才综合应用理论解决实际问题的能力有较高的要求，尤其是应变能力和操作能力。因此，高级应用型人才的知识、能力、素质结构必须以应用为主旨进行构建。此外，高职学生的外语和计算机等工具课，也主要强调应用能力。目前，许多高职院校都推行以能力为主线的人才培养模式，强调培养高职学生的新技术应用能力，这是符合高职教育特色的。所以说，应用性是高职人才培养模式的显著特征。当然，这并不意味着学术型、工程型人才不需要应用性，毛泽东同志曾指出，学习的目的全在于应用。高职人才的应用性强调在工作现场和生产一线的直接应用性，与学术型的理论应用于研究、工程型人才的理论应用于设计是有区别的。

高职人才培养模式的另一个重要特征是实践性。实践性是与高职人才培养的方式、途径、手段等相关联的。高职人才培养模式的实践性特征体现在教育教学过程的各方面。如高职的专业构建基础，或是工作现场与生产一线的职业（如会计、护理）、职业群（如轻工产品制造），或是覆盖若干职业的知识构成的某一类技术（如电气技术），而不是学科的分类。并且在高职教育的能力培养中，为加强专业实践能力的培养，专业实践课时所占比例较大，要求学生毕业前尽可能在真实的或仿真的生产或工作环境中得到实践训练，使其毕业后能较快适应岗位工作的需要。高职的专业开发、课程设计及教学计划的制订，都要求有来自生产一线与工作现场的专家参与。高职教育的专业教师，要具有"双师"素质，既要能从事专业理论教学，又要能从事专业实践教学，还要能进行技术开发和技术服务，也就是说，高职教师要具有较强的专业实践能力。"产、学、研"结合是高职人才培养的重要途径，也是建设"双师"型师资队伍的主要方式，高职院校的许多专业教师应来自企业或相关行业，且大量的兼职教师也应是行业与企业的技术专家。从高职教育的特色和自身需求看，兼职教师是长期的、经常性需要的。总之，高职院校与企业及行业的经常、广泛、多类型多层次的联系与合作，是高职教育的必然要求。因此，实践性也是高职人才培养模式的一个显著特征。

（三）关于结构性与全面性

结构性可视为高等教育人才培养模式的一个特征，属共性特征。任何人才培养模式都是由若干子模式构成的，如目标模式、教学模式、管理模式、评价模式等。各子模式的内部构成要素、各子模式的相互关系和组合方式，决定了人才培养模式的结构。不同的结构能形成不同的模式，不同的模式具有不同的功能、适应不同的对象。因此，人才培养模式具有结构性特征。高等教育的育人职能是通过人才培养模式的运行得以实现的。在高级人才培养过程中，不仅对生源有一定的要求，且要投入大量人力、财力、物力、时间、信息等资源，要有相当的综合实力才能保证培养目标的实现。培养模式的优劣直接影响培养过程的运行效益。因此，优化人才培养模式结构，尽力开发其显性与隐性的功能，可减少人才培养过程中的投入，提高模式的运行效益。

有专家提出高职教育的人才培养模式还具有全面性的特征，因为人的全面素质发展是未来社会的基本要求，这是值得商榷的。马克思主义关于人的全面发展理论，不仅仅针对高等教育，各级各类教育都要促进人的全面发展。因此，全面性是各级各类教育人才培养模式的共同特征。高等教育是一种极其复杂的社会文化现象，有学者认为，目前的高等教育在适应眼前的现实需要的过程中，淡化了长远的责任意识，只重视"经济人""政治人"，而不是完整的、全面发展的人，因此必须强调促进人的全面发展是高等教育的根本任务。从这种意义上说，将全面性作为高等教育人才培养模式的特征也未尝不可。

第四章　高等职业教育科学发展研究

第一节　高等职业教育科学发展的定位

一、体现综合素质教育的办学理念定位

在探讨高等职业教育的改革与发展时，办出特色、办出质量，形成具有高等职业特色的教育观念是第一步。高等职业教育要改革理念，构建知识、能力和素质有机结合，注重培养实践能力、创新能力和可持续发展能力的教学体系。

在理念定位方面，高等职业教育要强化素质教育和终身教育。现代社会发展中，日益突出强调人本教育、强调人的全面发展，使受教育者在从业所必需的价值观念、责任意识、创新意识、进取精神等方面的培养中得到体现。在我国高等职业教育中，全面提高学生素质、加强人文精神教育、使学生具有健全人格就显得十分重要，要坚决克服重技术技能，轻人文、轻素质的狭隘教育观，真正把高职学生培养成一个"大写的人"。因此，观念定位重要的一个方面是要树立科学的职业教育观、素质教育观。

高职院校要加强学生的人文教育，引导学生学会做人、学会关心、学会思考，思考如何处理人与自然、人与社会、人与人的关系，以及如何培养自身的理性、情感、意志等方面的问题。人文教育要把人文素质内化为学生的品质，其体现在具有丰富的人文科学知识，具有对人类、对民族命运的关注和责任感及高尚的人格修养和健康的心理素质上。应适当开设人文教育方面的课程，如美学、伦理学、文学修养等，扩大学生知识面，陶冶学生情操。人文和思想素质教育应包括：以弘扬爱国主义精神为主要目的的历史与民族文化教育；以集体主义为核心的价值观与道德教育；以社会主义为核心的公民教育，培养学生懂得公民应承担的责任与义务；以马克思主义哲学为主要

内容的世界观与方法论的教育；以陶冶学生高尚情操，培养意志品质为目的的文学、艺术教育。

二、强调社会适应性的培养目标定位

由于高等职业教育的特定职能，人才培养目标要区别于学术型、研究型而定位于培养生产一线的技术应用型人才。技术应用型人才强调的是技术与应用的有机结合。技术应用型人才既要有一定的理论知识，又要有较强的技术应用能力，还要具备必要的组织协调与管理能力。因此，在高职教育中，要定位"技术应用人才"的培养目标，就必须突出"职业技术教育"的特色，以此制订人才培养方案，使其既满足社会发展的需要，又满足个人的发展需要。另外，高职院校不仅要进行职前教育，还要根据个人可持续发展的要求，积极开展继续教育，为社会不断地输送各种层次的应用型人才。在市场经济条件下，劳动者有时可能不得不变换职业，职业教育就要让学生成为复合型技术人才，具有较强的社会适应性，具有可持续发展的能力。因此，要注重对学生社会适应能力的培养，体现高职院校的品牌亮点。这就需要在教学计划中突出三种发展能力：一是学生运用知识解决生产技术问题的实际能力；二是学生的主动的自学能力，在启发、讨论式的教学中创造自主与主动的学习氛围，为学生就业后技术业务水平的提高提供内在条件；三是学生的独立发展能力，学生通过个性化发展的学习，储备相当的知识能量，为其就业后的岗位发展提供充分的空间。

三、坚持市场化的专业建设定位

高等职业教育的市场定位就是为市场提供合格的实用人才，它和人才市场是密切联系的。高等职业教育培养的人才是经济发展的后备军，市场需求也左右着高职教育的发展规模和专业方向。高等职业教育要根据市场变化来设置专业，使高等职业教育的专业设置能跟上社会发展的步伐，使其更能反映经济发展的需要，更具时代性、前瞻性、实用性。高等职业教育要根据科技发展和经济发展对人才需求情况的预测，不断调整自己的办学方针与专业设置，及时增设社会需要的新专业，停办内容陈旧、缺乏生源的旧专业，重视与企业的广泛合作，使专业设置和教学内容更具开放性、科学性、针对性。因此，高等职业教育要健康、快速地发展，专业建设必须符合市场的需求。在高职教育中，人才培养目标的界定不同于普通高校"学科群"。所以，在高职教育中不应再只局限于一门学科、一个专业的范围，而要从学科与社会、社会各行业的联系上考虑问题。从单一的学科教育向学科综合化、模块化教育转变，以培养具有良好的全面素质和创新能力的专门人才。

四、突出职业性的课程设置定位

课程开发是一个富于动态特征的过程，课程方案的建构要随时跟踪科技进步、产业结构与劳动组织变化。由于高等职业教育人才的培养和教育与社会发展的紧密结合，课程方案必须是开放的、面向市场的，这就要求我们在办学过程中必须深入实际，与企业、社区等用人单位共同构建开放的课程方案，并突出职业性。要突出职业性就必须以技术应用能力、职业素质培养为主线，以"实际、实用、实践、实效"为原则设置课程，经常开展职业岗位知识、技术结构、能力结构的需求分析，合理确定专业技术教育内容。教学内容的选择以应用为主旨，根据现代的人才观、教学观，结合生产管理实践，强调理论的应用与技能的训练。还要在"宽基础、活模块、多方向"的课程结构上进行专业渗透与交叉，面向不同的职业岗位与岗位群，使课程设置既有职业性又兼顾适应性。

在课程结构方面，主要体现在知识理论上要"够用为度"，职业技能上要"适用为本"。高职教育确定应用型人才的培养目标就决定了必须注重实践教学。学生必须参加大量的实践活动，培养动手操作技能和实际应用能力，以全面增强自己的就业能力。

为了解决增强学生实际能力的问题，必须调整课程设置，一般来说，实践课的课时应占总课时的 40 % 以上，切实突出实践教学的特点。理论课的内容也要适应职业技术课的需要，掌握"够用为度"的原则，不能照搬普通院校的教学内容。职业技术课要突出职业岗位群的需要，掌握"适用为本"的原则，一个专业设置多个方向。如实用英语专业，可以有涉外英语、商务英语、旅游英语等，强调针对性和适应性，使学生确实能在生产和服务岗位上具有较强的分析和解决实际问题的能力。特别要注意克服单一的课堂教学模式，而要采取课堂教学、实践教学和模拟操作三位一体的教学模式。在教学计划安排上，实践教学和模拟操作可以分散到平常教学中，也可以集中在一年或一学期中进行。

在课程管理上，要实行动态管理，根据社会发展需要及时调整教学内容。高职的人才培养要善于捕捉信息，预测未来。通过综合化的课程教学，培训适应社会发展变化的大量从业者。综合理论课的教学内容要按照培养目标进行重组和优化，从更宽阔的视野上突出课程的重点和层次，使课程更加现代化和综合化。理论课的根本宗旨是为专业技能的掌握和扩展提供充分和必要的知识基础。专业技能课的设置一定要既能突出对社会的广泛适应性，又能突出就业岗位的针对性，把社会上的成熟技术及时转化为学生的培训内容。

五、提升"双师型"素质的师资队伍定位

高职院校的师资队伍应既具有能熟练准确传授课程知识的素质，又具有较强实践指导能力的素质，即具有"双师型"素质，这是高职人才培养目标对师资队伍建设提出的必然要求。高等职业教育作为一门独立的教育门类，其发展历史并不长，教师队伍建设的任务仍然繁重，相对于普通高等教育而言，其必要性、紧迫性、艰巨性更为突出。高等职业教育的定位，决定了其教师队伍的要求不同于一般普通高校，高职教师除了要具备一定的专业理论知识、相关的教育学、心理学知识和教师的基本技能，还需具备较强的应用意识、实践技能和适应市场需要的多专业教学能力，这就是高职教师队伍的特色。高职院校应逐步改善师资队伍的知识、能力、素质结构，努力提高教师，特别是中青年教师的技术应用能力和实践教学指导能力，建立一支专兼结合、结构合理、学历层次和知识技能水平较高的"双师型"师资队伍。

学校要把"双师型"师资建设纳入学校教育发展总体规划，建立继续教育的培训制度，根据教师的年龄、学历、经历制订出具体的培训计划。学校要建立"双师型"教师评价考核体系，设立"双师型"教师津贴等激励机制，促使更多教师成长为"双师型"教师。学校应积极聘请相关企事业单位中有丰富实践经验和教学能力的工程技术人员来校做兼职教师。

六、坚持工学结合的人才培养途径定位

根据高等职业教育的特色，只有与企业开展多方位、多层面的工学合作，才能提高人才培养质量、拓展办学功能、有效地服务企业，这是高等职业教育人才培养的正确途径。工学合作、工学交替教育，是一种利用学校和行业、企业、研究机构等不同的教育资源和合作形式，培养适合行业、企业需要的应用型人才的教育模式，即利用学校与产业、科研单位等各自在人才培养方面的优势，把以课堂传授间接知识为主的教育环境与直接获取实际经验和能力为主的生产现场环境有机结合起来。从高等职业教育的人才培养特点来看，人才培养必须坚持以能力为本位，而技术应用能力的培养仅靠课堂教学是难以实现的，必须依靠大量的社会实践。工学合作、工学交替教育在实现《国际教育标准分类法》中规定的高等职业教育人才培养目标与规格要求、培养技术与技能型人才上独具优势。工学合作、工学交替教育应包括：在专业建设上，建立由用人单位专家、专业教师和教学管理人员组成的专业指导委员会，沟通工学渠道，使学校的专业设置以市场需求为导向，并与行业、企业需求有机衔接。在教学内容和课程体系上，认真听取用人单位的意见，尽可能地邀请社会用人单位参与教学计划的制订。学校根据企业的人才培养规格要求开设课程，使高等职业技术院校与行业、产业发展融合在一起；在教学过程中，理论与实践紧密结合、学校与企业密切联系，企业为培养"双师型"教师提供实践锻炼机会，向学校推荐工程技术人员到学校担任兼职教师，并为学生岗位实践提供场地；在工学交替途径上，可以探索多种形式，把学生的生产现场实践和理论学习交替进行，学校也可以派出指导教师在生产实践现场组织教学。

总之，准确定位是高等职业教育办学特色的体现，是市场需求的体现，更是在近几年规模发展、质量提高的基础上，进一步深化改革的需要。只有如此，才能促进高等职业教育事业不断科学、协调、可持续地发展。

第二节　高等职业教育科学发展的规模

高等职业教育发展规模和速度直接关系到高等职业教育为社会经济服务的能力和高等职业教育自身运行的质量和效益。高等职业教育发展规模受诸多因素的影响和制约。高等职业教育发展规模具有自身的客观必然性、特定的内涵和发展趋势。高等职业教育发展规模的瓶颈必须被重视，我们必须认真思考发展规模的对策。

一、正确认识高等职业教育发展规模

（一）正确认识高等职业教育发展规模的含义

要想以发展的眼光办好高等职业教育，适当的办学规模是必要的。但是，人们习惯上喜欢把办学规模单纯地理解为"校园面积"或者"在校人数"等，导致高等职业教育办学规模含义的片面性。我们认为，高等职业教育办学规模应该涵盖这样几层含义。首先，高等职业教育办学规模不是高等职业教育资源的简单相加，而是各类教育资源有机整合形成综合实力的总体表现。其次，高等职业教育办学规模不是一个静态概念，而是一定时期内各类高等职业教育资源不断积累和优化的结果，具有明显的动态性。最后，表现办学规模的指标不止一个，入学率、校园面积、在校生人数、资产总值、投资总额、产出效益都可以反映高等职业教育的办学规模。其中，在校生人数、校园面积、资产总值是构成办学规模的基础性指标，它们最直接地反映高等职业教育的办学规模，投资总额则集中反映高等职业教育办学规模和规模扩张能力，产出效益则是办学规模的最终目标体现，是高等职业教育可持续科学发展的基石。可见，高等职业教育办学规模是一个综合的动态的概念，是指特定时期高等职业教育各种教育资源有机构成和合理配置所达到的总体水平，是所

有控制教育资源的质与量的综合体现。单纯以入学率和在校生人数为指标衡量高等职业教育办学规模，不考虑办学基本条件而盲目追求在校生人数的增长，带来的只能是高等职业教育质量的下降；单纯以校园面积为指标衡量高等职业教育办学规模，不切实际地追求校园面积的扩张，有可能导致因为无力投资而使学校变成"空壳"，结果是浪费国家宝贵的土地资源，或者因为举办者过度投资（比如举办者过度负债办学）而使高等职业教育事业发展背上沉重的负担，挫伤发展的积极性。出现这些情况，高等职业教育不仅难求规模效益，还容易导致高等职业教育发展战略和管理策略上的偏差和失误，影响高等职业教育的可持续发展。

（二）一定的办学规模是发展高等职业教育的必要条件

快速发展高等教育以最大限度满足人民群众的受教育需求、提高人民群众受教育程度和广大劳动者素质、促进经济和社会发展，理所当然地成为当今高等教育发展的主题。高等职业教育作为高等教育大众化进程中的一种重要办学形式和办学类型，越来越受到我国政府和人们的重视。但是，长期以来，由于受到经济和社会发展水平的制约，我国高等教育的发展规模和发展水平还不能很好地满足经济社会发展和广大人民群众的需求。近几年，我们虽然加快了高等教育大众化的步伐，连续多年扩大了招生规模，开设了民办高等教育、高等职业教育和成人高等教育等多种办学形式，而且正在形成一定的规模，但由于长期以来狭窄的办学思路和根深蒂固的精英教育意识，人们还是把它看成是一种"非正轨的高等教育形式"，而不能予以正确的认识和对待，在一定程度上制约了高等职业教育的发展，使其总体规模的发展受到限制。

实际上，投资高等职业教育的收益率远远高于普通高等教育，而目前我国高等职业教育的投资不足又严重制约着发展规模的扩大。据调查，目前我国国有企业职工每年人均培训费只有六七十元，近年来，在城市每年新增加的 1 200 多万就业者中，仅有 20％ 的人员受过正规的技能训练。不可否认，职工队伍的技术素质较差，拉大了我国与发达国家工人队伍整体技术素质的差距，而质量低劣的产品及生产事故，80％ 是职工对机器设备性能、安全技术掌握不够或处理技术运用不当造成的。现在，各种高新技术的发展突飞猛进，而我们的技术培训又明显落后。因此，大力发展职业技术教育，特别是高等职业技术教育就成为当前我国经济和社会发展的必然要求。

对整个高等职业教育来讲，办学规模是非常重要的。而目前，高职院校的布点还是沿用过去的办学思路，各省市各自为政，连招生也是画地为牢，客观上导致高职院校的布点分散和办学规模不大。高职院校没有形成相对需要的规模，导致各院校内部专业设置单薄，各专业之间相互渗透不足，而且存在重复设置和浪费现象，教师队伍的质量也参差不齐，实习基地和训练场所没有真正形成，现有的教育资源得不到充分的开发利用，教学质量很难快速地提高。为此，进一步打破区域限制并引进市场机制是各级政府首先应该考虑的问题。而高等职业院校则要进一步解放思想，敢于创新，要抓住有利时机发展自己的规模，进而形成坚实的办学基础。

（三）影响高等职业教育发展规模的主要因素

1. 社会、经济发展水平

改革开放以来，我国社会经济快速发展变化，催生出许多新职业、新岗位，对专业技术人员、技能型人才、管理人员及各类从业人员的需求呈现出旺盛的增长势头，这些都为高等职业教育提供了广阔的发展空间。高等教育招生总量的年递增率在两位数以上。与此同时，高等学校的人才培训规模也在逐年增加。

随着经济建设中科技含量的提高和社会信息化的普及，企业发展的战略重点逐步转向培育企业的核心竞争力，企业人力资源的配置更加注重企业的可持续发展的研发、市场营销和生产运行。企业对学历高、动手能力强、具有创新思维、善于团队作战的人才的需求量不断加大，对生产工人的要求也由掌握单一技能型转向知识和技能并重的多技能型，对符合企业生产技术要求的技能型人才的需求量也大大增加。社会需求的变化要求高职院校必须把学历层次、专业设置、技能培养与产业结构升级、科技发展和劳动力就业结构的变化统筹起来考虑，以适应我国从业人员的职业构成及素质要求的变化。

社会对高职院校毕业生的吸纳能力也影响着高等职业教育的发展规模。我国高等职业教育规模的快速增长，使得毕业生的人数逐年增加，尽管国家采取多种措施拓宽就业渠道，但社会对毕业生的吸纳能力毕竟有限，加上部分高职毕业生不愿去艰苦地区、边远地区、部分行业、小企业、民营企业就业，每年都有一部分高职毕业生因找不到工作而沉淀下来。因此，社会对高职毕业生的吸纳能力已经成为高等职业教育发展的重要制约因素。高职院校对此应予以足够的重视，必须通过对专业设置状况和毕业生就业形势的调查研究，及时甚至超前调整专业结构、课程设置、实践环节等相关内容，努力做好与市场的对接，提高教育质量和毕业生就业竞争力，才能在为社会提供高技能人才的同时，实现自身的可持续发展。

经济发展规模是决定高等职业教育发展规模的重要依据，经济发展的阶段性水平是决定高等职业教育发展规模大小的主要指标。高等职业教育发展数量与经济发展规模的关系主要反映在人才市场需求这一关键问题上。人才市场由人才供给、人才需求、人才供给双方的交换三大要素构成。人才市场需求数量直接反映经济发展的规模和速度，反映经济结构、技术结构、产业结构与资本劳动要素的比例。一般情况下，人才市场需求是与经济发展规模、经济增长速度快慢成正比的。

高等职业教育是与经济发展结合得最紧密的一类教育。它服务于经济的发展，也受经济发展规模的影响。因此，在选择高等职业教育未来发展规模时，必须考虑已有的经济基础和未来经济增长速度这一重要因素，使高等职业教育保持在一个较合理的区间内运行。

2. 人口发展规模

我国人口发展的特点会对高等职业教育产生重大的影响。人口规模与高等职业教育发展规模的关系主要体现在三个层面：第一个层面，人口规模中的一部分本身就是高等职业教育系统的要素；第二个层面，人口规模是决定高等职业教育发展规模的重要依据；第三个层面，人口规模、人口素质本身要求面向区域的高等职业教育提供支持。从理论层面分析，人口增长既能促进区域经济的发展，又能阻碍区域经济的发展。人口规模是影响发展的一个重要因素，它与高等职业教育发展规模选择密切相关。通过扩大高等职业教育规模来满足人的教育需求是完全正确的选择。人口规模是影响高等职业教育发展规模的重要指标之一。

可见，从人口这个制约因素来说，在今后较长的一段时间内恰恰为高等职业教育的规模、质量、结构和效益的协调发展提供了良好的外部环境。高等职业教育的发展规模要适应我国人口的变化，在稳定扩大高等职业教育规模的同时，持续提高高等职业教育质量。高等职业教育无论是学历教育，还是职业技术技能培训，其培养目标、培养规模、教学内容、教学方式、教育手段等都要与时俱进、精心安排，抓住高等职业教育的发展机遇，提高教育质量，扩大高等职业教育优质资源，办出人民满意的高等职业教育。

3. 城市化水平

城市化使城市人口相对于农村人口大大增加，因而很大一部分人民脱离了乡村生活的贫困状态。由此可见，在从封闭走向开放、从贫困走向富裕的城市化进程中，高等教育发挥了重要作用。

同时，城市化也为高等职业教育规模的发展提供市场需求，推动其发展。一个国家或地区由传统经济向现代化迈进的过程中，必然会出现产业结构的转换，从而提高该国家或地区的城市化水平。产业转移主要为从传统产业转向现代产业，从农业转向非农业，同时伴随着劳动力在空间上的转移。空间转移则主要体现为由分散到集中，由农村流向城市。产业结构的演进导致了经济的非农化、工业化和服务化，而产业空间布局的转移导致了人口定居方式的聚居化、规模化和城市化。城市化水平的提高，意味着产业结构重心的上移，即第一产业比重下降，第二产业比重上升，第三产业份额扩大。在农业化社会，人们对高等职业教育的需求是十分有限的；而工业化社会和信息化社会，对人们的知识技能的要求提高了，迫切需要大批的高技能人才、经营管理人才，而这些高技能人才只能通过高等职业教育来培养。第二、第三产业的发展，客观上延长了产业链条，创造了新的就业机会，同时它积累了更庞大的财富，可用于回馈高等职业教育的发展。所以，城市化既为高等职业教育规模的扩大奠定了基础，又为自身发展提供了需求。

从地域空间的角度分析，城镇化是农村地区转向城市地区的过程；从人口结构的角度分析，城镇化是农村人口转向城市人口的过程；从经济发展的角度分析，城镇化是农村自然经济转向城镇社会化大生产的过程。在这个过程中，农业人口比重下降，工业、服务业人口比重上升，人口、产业向城市集聚，生产方式、交换方式和生活方式向规模化、集约化、市场化方向发展。

城镇化的最终目的是缩小贫富差距，实现城乡居民共同富裕，城乡经济协调发展。城镇化水平的不断提高，为高等职业教育的发展带来了机遇，为高等职业教育资源的优化配置提供了空间；反过来，高职院校的合理布局是城镇化水平提升的重要标志之一，在一定程度上会拉动城镇化建设的进程，丰富城镇化水平的内涵。

二、高等职业教育规模发展的必然性、内涵及发展趋势

（一）高等职业教育规模发展的客观必然性

加快高等教育发展（包括高等职业教育发展），扩大高校招生规模，迅速造就规模宏大的专门人才队伍，不断满足人民群众日益增长的对高等教育的强烈需求，是党中央、国务院根据经济和社会发展形势的变化而做出的一项重大决策，体现和维护了广大人民群众的根本利益，对增强综合国力、提高国民素质、促进经济发展和社会进步而言具有深远的意义。21世纪，我国高等职业教育规模必将进一步发展，它是全面实现小康社会和构建和谐社会的必然选择。

1. 高等职业教育规模发展是科技社会化的客观需要

技术是科学与社会联系的纽带和科学向生产力转化的桥梁。一方面，根据社会的需要，它承担着将科学原理转化为潜在社会生产力的任务，也就是通过实验、研究的方式，使用运筹、分析、比较、归纳、综合等方法，创造出科学与技术结合的产物，即所谓的"科学技术成果化"的过程；另一方面，

它又需要担负起将潜在生产力物化为直接生产力的责任，也就是通过引进与整理、消化与吸收、理解与掌握、推广与应用、改造与创新等方式，运用生产操作等技术手段将科技成果直接应用于社会。

技术的发展也从强调外在经验性、手工操作性、个别示范性的传统技能阶段进入系统应用科学知识原理的工程技术阶段，并在当代呈现出规范化、理论化和普及化的趋势。今天的技术开始脱离具体生产过程，从操作技术逐步演化为思维技术。高技术、综合技术的出现拓展了技术的原始内涵，同时又对传播技术的载体技术教育，特别是高等职业技术教育提出了时代的呼唤 —— 明晰技术教育的职能、明确技术教育内部的分工、确定职业技术教育的任务。

技术的高度复杂化及技术系统分工的职能化，使得技术教育要适应技术自身的变化。因此，要同时培养普通技术和职业技术两方面的人才，以承担生产力转化两阶段的任务。在科学原理转化阶段，培养掌握技术的产生、演变、形成规律的人才，侧重研究技术方法，开发技术成果，即培养所谓的"成果型技术人才"。在技术应用阶段，培养能运用技术转化、技术综合规律的人才，即以技术的消化吸收、推广应用为职业的"应用型人才"。可以说，"成果型人才"与"应用型人才"的同步并重培养，是当今科技与社会发展的客观需求。通过对高等技术教育职能的分工研究，不难看出，高等技术教育包含两个基本环节，即普通技术教育环节和职业技术教育环节。上述两个环节互为依存、密不可分。因此，从把科学技术转化为直接社会生产力的过程分析，生产力的转换完全离不开高等职业技术教育这样一个与社会直接发生联系的重要环节。高等职业技术教育的规模发展是科技社会化的客观要求。

2. 高等职业教育规模发展是提高人力资源整体水平的需要

良好的国民素质是国家经济和社会健康发展的基础。在当代国际竞争中，我国规模庞大的人口基数还不能形成人力资源优势，高等职业教育还不能适应现代化建设对高层次人才的迫切需要。当前的实际情况是，我国的国民受教育水平不仅与发达国家差距很大，就是与中低收入国家相比也有一定距离。

我国高等教育毛入学率与国际平均水平相比尚存在较大差距，为了逐步缩小与发达国家的知识差距和教育差距、实现 21 世纪中叶现代化目标，必须全面提高人力资源整体水平，建设一支技术应用型专门人才队伍，这些都必然要求实现高等职业教育的规模发展。

3. 高等职业教育规模发展是构筑人才成长"立交桥"的需要

国民素质的提高，离不开高等职业教育的持续发展，开放面向大众的高等职业教育，已成为世界上众多国家高等教育满足社会需求的基本经验，值得我国在确定高等职业教育发展思路时借鉴。特别是在社会就业形势日趋紧张的情况下，为了增强就业竞争力，在一定地区范围内，青年对于接受高学历层次教育的心理预期可能会不断提高，在此基础上，我国的高中后教育（包括高等职业教育）将拥有旺盛的社会需求，从而为构筑人才成长的"立交桥"创造必要的条件。在 21 世纪，我国日趋转变为强调能力本位的开放社会，高等职业教育在个人就业岗位的选择、社会地位的获得与个人社会流动中的决定作用日益凸显，逐渐成为社会筛选的主要手段和上升流动的决定因素。高等职业教育对社会分层的这种影响，将大大激发和调动社会个体的求学热情和接受高等职业教育的愿望，导致高等职业教育需求的不断增加，求学热潮将渗透到社会各阶层，高职热、电大热、自考热、继续教育热一浪高过一浪，也正是这些因素构成了政府扩大高等职业教育规模的社会基础和经济诱因。

4. 高等职业教育规模发展可满足经济发展对高技能人才的需求

21 世纪世界知识经济的发展，为我国以高新技术改造传统产业、实现跨越式发展提供了新的历史机遇。面对新的形势，我国从业人员中的技能型、实践型人才长期短缺，信息通信技术、计算机网络、软件开发、生物工程等关键领域的高层次专门人才严重匮乏，真正能适应进入世界贸易组织需要的财政、金融、法律、贸易和管理人才还相当缺乏，许多基础领域、重要领域还缺乏相当数量的高技能型人才。这些都需要教育系统在培养数以亿计的高素质劳动者的基础上，造就数以千万计的合格的高层次专门人才和数以亿计的高技能人才。

高等职业技术教育培养的高技能人才是推动技术创新和实现科技成果转化不可或缺的重要力量，是技术创新的实践者和推动者，是社会主义现代化建设的主力军之一。高技能人才在经济社会发展中的作用和地位已经被越来越多的人所认识，高技能人才在提高企业市场竞争力上的作用愈加凸显。大力实施人才强国战略，加快培养和造就一支与国民经济和社会发展相适应的高技能人才队伍，应该成为各级政府优先发展的战略任务之一。

5. 高等职业教育规模发展推动经济增长

按照马斯洛需求层次理论，随着收入的增加，人们将把更高比例的收入投向较高层次的教育消费。我国受教育人口基数大，平均受教育程度不高。与世界其他国家相比，我国高等教育、高等职业技术教育还有相当大的发展空间，还存在很大的有效需求。根据约翰·梅纳德·凯恩斯的经济理论，需求的扩大可以拉动经济的增长。高等职业教育需求的增加可以直接推动社会总需求的扩大，从而推动经济的进一步发展。

从以上的分析可知，当前我国高等职业教育发展的存量和增量偏低，因此高等职业教育规模的扩展是十分必要的。高等职业教育规模发展，一方面是为了弥补历史上高等职业教育发展的不足导致的高技能人力资源的短缺，另一方面则是为了适应当前的经济发展水平及满足人们对高等职业教育的需求。由此可见，实施国家科教兴国战略的需要、拉动经济快速增长、满足人口众多的国民享受高等职业教育和一定程度上延缓就业压力，造就了高等职业教育规模发展的巨大市场，构成了高等职业教育规模发展的宏观要求。

（二）高等职业教育规模发展内涵

高等职业教育规模发展是职业教育发展到一定阶段之必然，是高等职业教育对社会和经济发展到一定阶段需求的回应。因此，把握高等职业教育规模发展的正确含义至关重要。

1. 高等职业教育规模发展既是量的增加的直接描述，也是质的提高的内在规范

高等职业教育规模发展在一般人眼里似乎就是在数量上做文章，仅仅追

求一种规模的效益。因此，追求招生人数就成为高职院校规模发展的最重要乃至唯一的选择。其实，规模发展是为了满足工业现代化的一种发展模式，其主要特点是通过扩大规模以减少或降低单位产品的成本，提高产品质量，并通过加大新产品的研发力度和新产品的科技含量，提高产品的市场竞争力。在工业生产中，规模发展既表现出量的扩张，同时也体现在产品质量和市场竞争力的提升上。把规模发展移植到高等职业教育，仅仅是对我国高职院校主要表现为数量增加的直观表述，但并不意味着这是唯一的内涵。实际上，高等职业教育的规模发展也同样有着质的提高的内在规范，它表现在高等职业教育观念及理念的改变、高等职业教育功能的扩大、高等职业教育人才培养模式多元化，以及高等职业教育课程设置、高等职业教育教学方式与方法、高职院校管理模式、高等职业教育与社会关系等一系列内容的变化上。比如规模发展视野下的高等职业教育的质量观问题，随着社会的市场化取向，社会和经济发展已经对高等职业教育呈现出多层次的需求，它显然不能沿用过去精英教育的质量观作为其标准。为适应经济社会的发展，多元化的教育质量观应运而生，并逐步演变成高等职业院校生存和发展的基础。在激烈的市场竞争下，多样化质量观逐步形成了特色质量观、需要性和发展性相结合的质量观、终极产品质量观和培养过程质量观、有形产品和无形资产相结合的质量观等。这些在精英教育中无法存在甚至无法包容的观念、理念却已成为规模发展中高职院校必须现实面对并在现实中应用、构建的问题，这些都是高等职业教育规模发展质的内在规范的表现。

2. 高等职业教育规模发展既是大众教育之需要，也是精英教育之需要

经过连续几年的高等教育扩招，我国高等教育在规模发展中迈入了大众化教育阶段，表明我国高等教育开始进入一个新的阶段。由此，不少人认为，规模发展就是大众教育，规模教育就是为了实现大众化、体现大众化。实际上，规模教育仅仅是高等教育大众化阶段的一个特征，大众化的本质并不仅仅体现在单一的数量上。一般来说，高等教育普及程度与社会物质生产力发展是相一致的，有什么样的社会物质生产力水平就有什么样的高等教育普及程度。而我国高等教育的数量增长或规模发展是特殊历史条件下的一种发展模式，

是教育市场中教育供求关系即人们日益增长的对教育活动的需求与有限资源之间紧张交互的结果，本质上社会物质生产力发展需求还有着某些脱节或不适应，如政府投入不足、人才需求不旺、人的社会化程度不高等。近几年，尽管高职院校就业率逐步提高，但通过大力发展高等职业教育实现的大众化仍然是初步的、不全面的。数量增长及规模发展仅仅在客观上成为我国大众化教育的基础、前提，为大众化及其完善提供了机会和动力。

以扩招为标志的规模发展在促进大众教育的同时，也有精英教育的要求。特罗在论述精英教育与大众教育的关系时指出，不要误以为高等教育发展到大众化阶段就不要精英教育了。规模教育、大众教育仅仅是针对高等教育的总体发展而言的，并不排斥而应包括精英教育。英国在实现规模发展并掀起高等教育大众化运动时，政府一方面发展学术型大学，创办10所一开始就享有学位授予权的新大学；另一方面则创办面向大众的新型高等教育机构如多科技术学院、开放大学，发展继续教育。在美国，既有社区学院，又有研究型大学。在我国，全日制本科学校乃至重点大学，仍作为高学术水平的大学，发挥他们在经济社会前沿领域的核心作用，而普通专科学校、高等职业技术学院、成人学校、广播电视大学及非学历教育的高等教育机构则发挥其职业培训作用，为满足社会一般需求的优势而存在。两者之间，互为补充、共同发展，并且将成为中国高等教育在较长时间内存在的高等教育办学格局。

3. 规模教育既是谋职教育的需要，也有公民教育、全面教育的要求

规模发展是高等职业教育需求得不到满足而引发的。解决这一矛盾的重要选择就是扩张。由于规模发展并非物质生产力发展之必然，会不可避免地出现高校毕业生就业困难的现实问题。以谋职为定位的教育教学在各个高校中被当成唯一的价值追求。随着市场经济所显现的效益及功利主义、实用主义逐步成为主流，大学作为完成博雅教育、进行智力训练和培养社会精英任务的场地开始转变为职业训练的场所。1959年，美国经济学家西奥多·W.舒尔茨（以下简称"舒尔茨"）首次提出"人力资本"的理论，认为人力资本是最好的投资。在此影响下，美国出现了教育产业论、知识产业论，其中一个主要措施就是让大学与产业部门合作，根据市场要求培养学生。在规模

发展中，这种"人力资本"理论也影响了中国高等教育，包括高等职业教育。随着扩招的全面推进，为了扩大高校毕业生的就业率，高职院校开始强调并重视高等职业教育的社会经济功能，注重高等职业教育在个人选择职业方面的实用价值，将高等职业教育更多地与职业、市场相联系，满足市场需求成为其最高目的。因此，这些高职院校主张并实施对学生进行专业化或职业化的训练。这一切，对于扭转高等职业教育与现实的脱节、促进高等职业教育的社会化，尤其是使高等职业教育这种潜在生产力迅速转化为现实生产力，使普通个人对高等职业教育的需求被有效地纳入大学视野，推进高等教育、高等职业教育大众化而言，都具有重大意义。

不可否认，作为伴随工业文明一起成长起来的现代高等职业教育，归根到底就是谋职教育。它同工业文明一样，在为人类社会做出巨大贡献的同时，也使高等职业教育陷入危机四伏的境地。比如，高等职业教育越来越异化为创收产业、技能训练，高等职业教育被实用主义、功利主义所左右，高等职业教育仅仅被当作职业训练场、被当成将"简单劳动力"转化为"复杂劳动力"和将"经验劳动力"转化为"技能型劳动力"的孵化器。具体来说，高等职业教育异化表现在以下几点。一是单纯的谋职教育导致高等职业教育的低级化和庸俗化，这也是对教育基本规律的否定。二是谋职教育将受教育者"格式化"为缺乏关怀的牟利工具。三是谋职教育必然导致人文教育的缺失，而真正完整的教育是人文教育与科技教育的有机结合。四是谋职教育是对教育公平的挑战。以公民教育、社会教育作为重要宗旨的高等职业教育，尽管职业教育是其显著特征和重要内容，但其根本是使人能在面对人生与世界的重大问题的过程中，拥有自由高贵的心灵，能本着理性和审慎的生活原则，以积极的态度应对现实生活的复杂冲突，使人在复杂的社会关系中具有社会良知和责任，并在现实中确立自己的定位。

人们把对高等职业教育的被动需求转变为主动追求，尤其是在今天的中国，高等职业教育自身内涵的生产力功能越来越为人们所认识。高等职业教育的产生和发展及现代化教育水平的不断提升与社会的进步、经济发展有着密切的关系，社会、经济的每一次重大变革和进步都在不断向高等职业教育提出新的要求，促使高等职业产生新的职业教育思想；同样，任何一种新的职业教育思潮、教育机构和教育模式的出现，都反映着社会的进步，并且不断推动着社会的进步。高等职业教育的规模发展乃至进入大众化是人类自身发展需要的一种必然选择，是人类自身的再生产，并蕴含着对人的智力和潜能的进一步开发。高等职业教育毕竟不同于一般的职业培训，它还承担着公民教育等其他使命。清华大学原校长梅贻琦曾经说过，人文教育为本，职业教育为末，是由于大学生首先是公民。总之，高等职业教育应该是人的全面发展的教育，应该是个人人格的完善、完美的教育，就是人之为人的教育。

规模发展是高等职业教育在解决经济、社会供求关系问题时的一种必然，但这并不意味着高职院校就必须一味地求大、求全、求高，盲目地追求规模效益并不利于高职院校自身的发展。规模发展只有建立在努力提高办学水平和人才培养质量上、建立在真正地关爱学生的全面发展上，才能真正具有其合理性，才能真正地促进中国高等教育健康、稳定的发展。

（三）高等职业教育规模发展的趋势

1. 网络化发展趋势

在整个社会发展的大系统中，知识与信息的大爆炸，引发了系统内部各组成要素的紧密互动。它们不断自发地缔结成新的网络，以协调的方式维持系统整体的动态平衡。教育作为社会发展的重要因素之一，在其中占据着中心地位，它与科技、经济、政治、文化、军事等其他因素相互关联，影响着其他因素，也受到其他因素的影响与作用。所以说，教育的发展不再是一件孤立的事情。在网络化的大趋势下，社会发展网络与知识网络、智力资源网络的结合，必然会带动整个教育的全面发展。网络化造成了高等职业技术教育体系的开放化并为开放体系提供与外界进行物质、信息和能量交流的渠道，进而维持系统的稳定，推动系统的发展壮大。

因此，发展中国高等职业技术教育就要充分利用网络，缔结新的网络。依靠网络交流信息，大力开展学术交流、科技引进、国际合作；依靠网络开发资源，上与科研院所、下与企事业单位紧密合作联合办学，通过合理地配置内部资源，积极协调外部资源，形成自己独特的智力资源优势和物质资源优势；依靠网络优化管理，在高职教育系统内变换组合，建立起高效率的运作管理机制，逐步实现自助管理；依靠网络设置专业，通过网络反馈，以未来市场为导向，顺应大科学、大工程、大企业发展趋势，设计出新型专业，培养出具有良好的知识结构、广泛的专业知识、较强的应用和创造能力、懂得经济管理、能够驾驭高技术的综合性应用人才。

2. 规范化发展趋势

高等职业技术教育的网络化发展趋势，造成整个系统外延的扩展和内涵的加深。如果任其无限地发展、扩大，必然导致系统的无序化状态，影响系统的发展，进而给社会发展带来负面效应。要按照市场经济规律，发挥经济杠杆的效能，使用科学的方法，运用集约化的管理模式，规范现行的高等职业技术教育体系，以便建立起完善的外部管理体制，即脱离现有的条块管理模式，脱离单纯的事业性质，而游离成一个独立的经济单元，以事业和企业的双重身份参与社会活动。例如：多体制联合办学、多形式联合办学等；建立完善的内部管理体系；实现校与系、系与系和系科内部符合规律的自我组织管理；建立完善的资源共享体系，加强资源共享力度，实行资源共建、资源共用和资源共管，并建立社会与办学单位一体化的资源共享网络；建立完善的学科体系，逐步建立适应科技发展，综合性、交叉性、多元性的专业学科群体；建立完善的师资培训体系，培养一大批基础好、能力强、知识面宽、有创新精神、能胜任高职教育的教师队伍，并建立相应的培训机构；建立完善的考评体系，确立考评对象，制定考评标准，建立考评制度，对师资、校况、人才规格、管理效益等各方面进行适时考评。此外，在对中国高等职业技术教育体系进行全方位规范的同时，还需采取规范与政府宏观调控相结合的原则，以利于规模发展。

3. 层次化发展趋势

现今的技术发展表现出如下四个基本特质：一是本体的分化性，从普通技术分化出大批高技术；二是专业的交替性，各技术门类交替地走向技术前沿成为前沿学科；三是边缘的融合性，各专业相互结合、技术交叉渗透、边缘不断融合；四是高度复杂性，技术多元化，交叉技术相继出现，复杂技术在技术领域内的份额不断加重。技术自身的发展造成生产中智力因素的提高，促进了体力劳动向脑力劳动的转化。科技进步所呈现出来的时代特征，要求技术的驾驭者 —— 人的知识层次与知识结构向高层次方向移动。高等职业技术教育将随着科技进步而由专科教育逐步向本科教育乃至研究生教育层次发展。

中华人民共和国成立以后，国民教育层次在不断提高。由于社会经济的高速发展，近年来，社会对应用型高级技术人才的需求在不断增加，职业技术教育的高层次化趋势要求高等职业技术教育必须进入适度规模发展。

三、高等职业教育规模发展瓶颈及对策

（一）高等职业教育规模发展的几种代表性观点

1. 规模扩大论

持这种观点的人认为，我国还应该进一步扩大高等职业教育规模，以适应和进一步推动经济、社会发展。其基本理由如下：

（1）高等职业教育本身特点决定其发展要适度超前于经济社会发展，但不应超越太多。高等职业教育的特点之一是要适应经济发展的需要，为社会和经济发展提供和储备更多的技术应用型、高技能型人才，而目前我国的经济增长速度是推进高等职业教育规模发展的重要因素。

（2）我国经济的发展趋势要求高等职业教育在整个社会发展中发挥更加重要的作用。我国经济的持续发展要求高等职业教育能够培养出适应这种发展的技术应用性、高技能人才，经济的发展、社会的进步、国民素质的提高都有赖于高等职业教育的发展。

（3）当前，特别是知识经济时代的到来，使教育需求大大增加，众多的教育消费者开始由过去排斥高等职业教育逐步转变为渴望接受高等职业教育。在居民的大量储蓄存款中，其中很大一部分是为教育消费准备的，广大人民对教育的投资会随着需求的增加而增加。

（4）从我国当前的生产力水平看，制造业是主要产业，劳动密集型生产仍占主要地位。因此，培养熟练技术工人，发展职业教育，推进高等职业教育，培养更好、更多的技术应用型、高技能人才就显得尤为重要。

（5）我国高职院校办学效益相对较低，尚有潜力可挖，扩大办学规模是提高高职院校办学效益的有效手段之一。伴随教育部高职高专院校人才培养工作水平评估的进程，高职院校的办学条件逐步改善，校园面积进一步扩大，师资队伍进一步增强，基础能力建设进一步加快，资源的有效利用率进一步提高，但规模效益相对较差。因此，有必要在加强高职院校内涵建设、着力提高人才培养质量的基础上进一步适度扩大办学规模，发挥规模效益。

（6）当前我国社会就业压力很大，发展高等职业教育，推迟就业时间，有利于缓解就业压力。我国经济体制的改革、国有大中型企业的改制，使得社会流动人才增加，就业压力增大。大力发展高等职业教育，每年可以减少数十万流向社会的人员，对就业压力有一定的缓解作用。

2. 规模稳定论

持这种观点的人认为，现在不宜提倡扩大高等职业教育规模，现有的高职院校已经基本适应经济和社会发展的需要。

（1）我国作为发展中国家，不仅对高等职业教育发展的支持能力有限，而且对其毕业生的吸纳能力也非常有限。大规模扩大高职院校的办学规模，导致政府无法全额拨款，无法有效控制高等职业教育。面对当下双向选择的就业市场，社会本身已经具有很大的就业压力，许多大学毕业生分配不出去。

（2）高等职业教育是高成本、高投入教育，现有办学规模维持起来都比较困难。一部分高职院校办学条件达不到规定要求，根本无力进行大规模的教学设备投入，基础能力建设受到严重制约。因此，当务之急是稳定现在的规模，着力加强内涵建设，提高人才培养质量。

（3）我国的国情是 15 岁以上人口平均受教育年限为 9.91 年，文盲率为 2.67 %。可见，我国的义务教育还很不完善，尤其偏远地区和农村的义务教育远远达不到全国平均水平。这决定了我们的教育发展应该降低重心，大力发展初等中等教育，为日后大力发展高等教育打好基础。

（4）扩大规模是一个系统工程。轻易提出扩大规模很容易产生"一窝蜂"现象，使得各级各类高职院校不考虑自身实际情况和市场需求情况，盲目跟风，造成大量低效重复建设及有限的高等职业教育资源的浪费。

（5）高等职业教育规模扩大，收费也会提高。一方面，会让部分贫困生望而生畏，少数人甚至会放弃学业，造成人才夭折；另一方面，会让一部分学习不好但家庭富裕的学生上大学，使得高等教育成为"平庸"人的教育，造成不公平现象和教育质量问题，带来负面的社会影响。

（6）不同国家的高等职业教育的发展差距是各国国情不同造成的，简单的模仿只会带来教育走势的偏差。所以国际的高标准只能作为参考，不能作为决策依据。应该在参考发达国家教育发展历程的同时，结合我国实际情况，制定真正适合我国国情的、有效的发展规划。

3. 制度创新论

持这种观点的人认为，当前教育规模扩大与否并不重要，关键在于制度创新。要依靠改变高等职业教育的运行机制，保证高等职业教育规模在供需平稳的前提下积极健康发展。具体应该从以下六个方面入手：一是继续推进高职院校收费、招生、就业制度的改革；二是理顺政府、社会、市场、学校之间的关系；三是明确政府职责，实现行之有效的区域经济格局的分区规划、分类指导；四是加强交流，优化高等职业教育资源配置；五是大力发展民办高等职业教育；六是不断改革和完善高等职业教育人才培养模式。

4. 可持续发展论

持这种观点的人认为，只分析规模对我国高等教育大众化而言并无太大意义，甚至是有害的。教育规模扩大与否的分歧，不在于高等职业教育要不要发展，而应是基于对现时形势的判断，两者在本质上并不矛盾。教育要和社会发展相适应，但适应是相对的，应以一定时空为条件。所以，应该坚持"可持续发展"思想，在动态中不断进行结构调整，正确处理好高等职业教育规模、速度、质量、效益之间的关系。

（二）制约高等职业教育规模发展的瓶颈

我国高等职业教育已经达到一个相当大的发展规模，但总体而言，我国高等职业教育相对于普通高等教育而言仍然是高等教育中的薄弱环节，面临着诸多制约规模发展的瓶颈因素。其中非常突出的有两个方面：

1. 经费投入的问题

持续几年扩大高等职业教育规模后，部分高职院校已经处于紧张运营状态，原因固然十分复杂，但归根结底还是经费投入不足。我国财政性教育经费支出低于同期发展中国家水平，与发达国家的 5% ～ 6% 差距更大。教育经费投入不足，其中高等职业教育经费更是捉襟见肘，导致相当一部分高职院校超负荷运行，也延缓了现代教育技术和手段，尤其是网络教育的推进步伐。尽管近几年中央财政、地方财政增加了投入，但是就职业教育的整体而言，投入是不够的，办学条件是相对比较差的。所以增加投入、改善办学条件、加强基础能力建设，是当前高等职业教育规模发展亟须突破的一个重要"瓶颈"。

当代教育经济学研究成果和世界经济增长规律均表明：对国家来说，国民的人力资本可以视为一种国家生产要素，教育投资能提高国民的人力资本，从而增加国民经济生产总值；并且在一般情况下，教育投资的收益率远远高于物质投资的收益率；不仅如此，由教育形成的人力资本在经济增长中还会更多地代替其他生产要素。因此，我们必须转变投资思想，从重视对"物"的投资转变到重视对"人"的投资上来，切实落实教育在推进国家现代化进程中的基础性地位。

（1）应保证政府在教育投入保障体制中的主渠道作用

中央和地方政府应该像支持交通、水利、电力、能源等基础设施那样，加大对高等职业教育的投资力度。要坚持《教育法》提出的教育经费的"三个增长"和《中华人民共和国高等教育法》《中华人民共和国职业教育法》关于教育经费增长的原则，大幅度提高高等职业教育经费，健全和保障教育优先发展的法律制度。事实上，许多国家在实现高等教育大众化阶段，也都采取了政府加大投资、增设公立院校和维持较低学费的政策。例如，美国在1970年前后，四年制公立院校全日制学生一学年的学杂费平均为400美元，两年制的社区学院（相当于我国的高等职业技术学院）则不到200美元。但各州对高等教育的投资仍然相当可观，如1998年公立大学学生人均学杂费为3 243美元，而州政府另行支付的人均费用也有5 000多美元。

（2）要拓宽高等职业教育投资渠道

现在几乎没有一个国家能单独依靠国家财政支撑整个高等教育系统。加入世界贸易组织有利于引进国外优质的教育资源和资金，拓宽教育投资渠道。这也将增加我国高等教育供给总量和选择性、多样性，同时也能进一步激发人民群众对高等教育的需求。另外，还要积极组织民间资本进入高等职业教育领域，鼓励、引导民办高等职业教育的健康发展。

2. 高等职业教育师资问题

随着我们国家职业教育规模的扩大，职业教育的师资也成为制约规模发展的重要"瓶颈"，主要表现在两个方面。一是高等职业教育师资数量不足。这几年，高职院校扩大招生，达到810万人。而2002年招生人数不到400万人，现在已经翻了一番，但是教师的数量还基本上维持在20世纪末的水平。大体上换算，教师大约缺40万人。二是不仅高等职业教育师资数量少，而且教师的专业、知识、实践教学能力相对比较薄弱，这与我们高职院校培养高素质的劳动者、技能型人才的目标明显不适应。所以下一步高等职业教育要提高质量、要加快发展，必须解决教师问题，这是迫在眉睫的瓶颈问题。

3. 毕业生就业问题

高等教育"大众化"进程的加快，使得高等职业教育规模扩大与高校毕业生就业困难的矛盾进一步加剧。近年来，高校毕业生就业率进一步下降，就业问题比较突出，就业形势更加严峻。因此，高等职业教育规模要发展，必须认真分析几年后的就业形势，以适时应对毕业生就业高峰期。如果高等教育规模与社会对高等教育毕业生的吸纳能力之间的差距过大，那么对个人的心理成本、对社会安定所起的作用及对国家资源的浪费都应该有必要的重视。尽管高等职业教育强调以就业为导向，把能否就业作为检验高职院校办学水平的关键标准，并且近几年高职院校毕业生的就业率逐步提高，但就业形势总体紧张的状况仍然是制约高等职业教育规模发展的重要因素。

发达国家高等教育面向就业需要的实践表明，"多样化、分层化、特色化、灵活化"均是高等教育大规模发展以后满足就业需要的有效途径。它一方面保持了高等教育的学术研究和知识创新职能，另一方面又在很大范围内满足了社会上多样化的人才需求。因此，高等教育规模的进一步发展，必须与其结构的战略性调整相结合，在途径选择和学生分流上多下功夫，才能适应社会和经济发展不断变化的需求。

（三）高等职业教育规模发展的对策

1. 高等职业教育的规模要适应国家经济建设发展的需要

教育应该适度超前，但不能超越国家的经济、政治和科技发展需要。世界人口大国，也是教育人口大国的印度，高等教育的畸形发展曾经给社会经济建设带来严重的不良影响。例如：教育质量下降造成国家财力和人力资源的极大浪费；专业结构不合理造成大量毕业生失业；高等教育的发展规模和速度超过国家经济发展的需要，造成大量高级人员外流。我们应该吸取印度高等教育规模发展的经验教训，根据人力资本相关理论，我国高等职业教育规模应该坚持"适度大发展"的原则，应该贯彻国家关于大力发展中等职业教育、高等职业教育重在提高质量的相关政策精神。它不仅指出了高等职业教育要同我国当前的经济发展水平相一致，而且还指明高等职业教育的规模发展要与经济结构的调整、市场资源优化配置相协调。

2. 高等职业教育规模必须兼顾社会、家庭的支付能力

高等职业教育规模的持续增长，对于经费投入水平和必备办学条件的要求更高，需要足够的经济实力做后盾，特别是对于我们这样的发展中国家来说，国家和个人必须付出更为艰巨的努力。所以，我国高等职业教育规模的发展，除受综合国力整体水平的制约外，还受到居民收入水平的影响，很难有太快的增长速度。类似学费水平提高与后勤社会化后生活费同步上涨等现

实问题，势必引起家长和社会的更多关注。尽快确定合理的培养成本和分担机制，真实评估社会居民对学费提高的承受能力，以及建立稳妥有效的困难学生国家资助体系，畅通困难学生绿色通道，保证高等职业院校学生顺利完成学业，均是高等职业教育规模发展要考虑的问题。

3. 高等职业教育专业设置要适应社会需求

高等职业教育是就业教育，是面向市场的教育，因此专业设置必须以市场需要和社会适应为标准。要使高职院校的发展与经济发展相适应，就要根据经济建设和高等职业教育相互作用的规律和高职院校办学经济效益实现的具体过程，积极发展社会经济建设、新型工业化道路需要的新兴专业、高新技术专业、紧缺专业及带有前瞻性并能够引导新兴产业发展的专业。此外，还要高度重视专业结构与经济建设和新型工业化道路的适应情况，要真正做到与实际接轨，避免宝贵的高等职业教育资源的浪费，防止短缺与剩余并存的现象发生，避免人才的积压和浪费。

4. 高等职业教育规模发展要走多元化发展之路

我国是一个拥有 14 亿人口的发展中国家，国土面积大，幅员辽阔，地区发展极不平衡。我国的税收制度和公共财政体制有待逐步健全，仅靠各级财政性教育投入，远远不能满足高等职业教育事业发展的需要。目前，发达国家越来越重视激活民间资本，以弥补政府在社会发展和教育事业方面的资金缺口。我国高等职业教育发展历史短、基础能力薄弱、办学条件相对较差、需要资金量大，缺口明显，更需要鼓励、引导民间资金投向高等职业教育，大力发展民办高等职业教育，形成以国家投资为主，社会、民间多元化投资的发展之路。

第三节　高等职业教育科学发展的结构

高等职业教育结构是指高职教育系统内各要素之间的联系与比例关系。同时，它又是大教育结构中的一个子结构，与我国政治、经济、科技、文化等其他系统有着密切联系，受政治、经济、科技、文化等因素的影响和制约。

从宏观层面分析，高职教育结构由专业结构、层次结构、形式结构、布局结构等要素构成。

一、高等职业教育结构的含义、特征与类型

（一）结构的含义

在我国，"结构"一词最早出现在东汉时期，当时主要用于房屋的构造，如土木结构、砖瓦结构等。进入 20 世纪，随着科学技术的发展，物质结构越来越呈现出多样性和复杂性的特征，人们逐步意识到，只有把握事物在结构上的内在联系，才能更好地认识和改造事物，从而更好地利用它们为人类的发展服务。有了这一认识基础，研究物质结构的学科开始孕育，而且在不长的时间内就有了一定的发展。伴随着研究的深入，研究的范围不断扩大，已经延伸到社会生活领域，经济结构、教育结构等一批新兴学科无论在广度还是在深度上都有了突破性进展，学科体系基本成熟。

（二）高等职业教育结构的含义及其特点

高等职业教育结构是指高等职业教育系统内各要素之间的联系方式和比例关系。它是一个多维度、多层次、多样化的综合结构。高等职业教育结构又是教育结构中的一个重要组成部分。它与我国的政治、经济、科技、文化等其他系统有着密切的联系，但也受社会等多种因素的影响和制约。就高等职业教育来说，它是一种特殊类型的高等教育，因此其结构有相对的稳定性、明显的层次性和高度的开放性。

1. 稳定性

就高等职业教育结构本身而言，其基本要素不会经常发生变化，内在发展具有相对的稳定性。高等职业教育结构从宏观上来说，一般由体制结构、层次结构、形式结构、布局结构、专业结构等要素构成。不论教育制度如何变化，不论高职教育以何种速度发展，都离不开这些基本的要素。这些构成要素的相对稳定性，决定了高等职业教育特定的质和量的规定性，形成了高职教育特有的办学功能。

2. 层次性

高职教育结构与其他任何事物的结构一样，具有明显的层次性特点。按照高职教育的性质划分，可以分为宏观层次结构、中观层次结构、微观层次结构。按照教育结构的功能划分，可分为表层结构和深层结构。

3. 开放性

如前所述，高等职业教育结构是教育结构中的重要组成部分，而且与社会、经济发展，特别是区域经济的发展联系得非常密切。所以，高等职业教育结构是置于社会、经济发展的大环境中运行的，具有高度的开放性特点。也就是说，开放渠道越畅通，高等职业教育结构中的要素就越活跃，要素内外碰撞的机会就越多，在动态变化中与社会、经济系统的交流就越广泛，高等职业教育的适应性就越强。

（三）高等职业教育结构的类型

1. 专业结构

高等职业教育专业结构受方方面面的影响和制约，但主要受经济结构制约。所以，经济结构直接决定高等职业教育结构的调整与改革的方向。高等职业教育是直接为区域经济服务的，区域经济结构特别是产业结构和技术结构的调整和改革对高等职业教育专业结构的改革与发展影响很大。反过来说，区域经济中的产业结构、技术结构是高等职业教育专业结构调整、改革、发展的主要依据。因此，高等职业教育专业结构的调整与提升必须从产业结构调整、发展的大局出发，必须考虑和研究区域范围内的专业结构问题。在专业结构问题上，既要考虑办学的超前性，又要考虑区域产业结构发展的特点，既要服从区域经济发展水平的要求，又要通过自身结构的优化，更好地服务于区域经济的发展。

2. 层次结构

高等职业教育的层次结构是由我国的政治制度、区域经济发展水平、文化发展方向等多种因素决定的。高等职业教育层次结构的主要任务是最大限度地满足区域经济发展的需要，按照各层次人才需求的比例培养各种不同层次的技术应用型人才，促进经济结构、产业结构、技术结构与高等职业教育层次结构的协调发展。高等职业教育的层次结构主要由专科层次的高等职业教育、本科层次的高等职业教育、研究生层次的高等职业教育构成。结合我国的基本国情和经济发展水平对技术应用型人才的实际需求，现阶段仍以发展专科层次的高等职业教育为主，逐步形成以专科层次的高等职业教育为主体，以本科层次的高等职业教育、研究生层次的高等职业教育为两翼的层次结构模式。但是，我国经济发展是不平衡的，就经济发达地区来说，高新技术产业已经成为其主导和支柱产业。因此，这些经济发达的中等城市应以发展本科层次为主的高等职业教育，按照需求配置专科层次的高等职业教育资源，并适度发展研究生层次的高等职业教育。总之，高等职业教育层次结构的调整与提升应与要区域经济发展水平和生产力发展水平相适应。

3. 形式结构

高等职业教育的形式结构涵盖高职院校教育和职业技术培训两部分内容。高职院校教育是一种正规的、长学制的、以人力规划为基础的、以学校为主要基地的学历教育；而职业技术培训则是一种紧密结合市场需求和区域产业特点，根据职业岗位和转岗的特定需要传授相关的知识和技术的教育，人们一般习惯称它为非学历教育。

高等职业教育要不要发展职业技术培训，国内高等职业教育界一直存在分歧。我们认为，既要发展学校形态的高等职业教育，又要发展职业技术培训，两者并举，协调发展。

高等职业教育要调整培养目标，既要为区域经济发展提供优秀的技术应用型人才，又要为社会每一个成员在他们需要的时候提供能满足他们转业、转岗要求的学习机会。

在高等职业教育的发展道路上，既要重视高职学校教育的发展，又要重视职业技术培训的发展，要走学历教育与非学历教育并举，职前教育、在职教育、转岗转业教育相互沟通、协调有序的发展道路，以满足不同的个人需求。

4. 布局结构

高等职业教育布局结构与我国社会、经济、人口发展有着十分密切的关系。高等职业教育机构主要布局在中等城市，这是由高职教育为区域经济和行业发展服务、为生产一线和广大农村培养技术应用型人才的办学目标决定的。

在经济大发展的宏观背景下，中央提出推动中国城市化进程的新思路，这为我国高职教育布局结构发展提供了机遇和空间，高等职业教育将成为我国区域经济发展和城市化建设的加速器。因此，高等职业教育布局结构应把握好以下几个原则：

（1）按照学区配置高职教育资源的原则

在规划高等职业教育布局结构时，应坚持按照学区配置高等职业教育资源，以避免高等职业教育资源的浪费。根据我国国情和经济发展不平衡的现实，可按照区域和人口划分学区，每40万人口居住范围内设置一所高职教育院校。依据这一观点，高职教育布局结构主要应向中等城市和经济比较发达的县级城市发展。

（2）社会需求的原则

高等职业教育的布局结构必须以社会需求为目标，以经济供给能力为支撑，确保高等职业教育布局结构与区域经济的发展相协调，并以此作为高等职业教育布局结构调整、发展的重要依据，同时也作为省级政府部门审批新建高等职业教育院校的重要依据。

（3）合理分工的原则

除普通本科院校的二级职业技术学院外，独立设置的职业技术学院应本着"面向区域、专科为主、资源共享、突出发展"的思路，各区域间要合理分工，形成各自的特色，坚决防止一哄而起、盲目布局的现象，以实现最优化的布局结构。

（4）相互协调的原则

高等职业教育要由数量扩张向质量提高的方向发展，这也将成为21世纪高职教育发展的目标选择。在发展过程中，数量、质量、结构、效益要相互协调、同步发展，从而构建科学的、合理的高等职业教育布局结构体系，推动高等职业教育可持续发展。

二、高等职业教育结构的优化

（一）协调发展：高等职业教育结构优化的内在要求

高职教育的基本要素是相对稳定的，但是每一构成要素（如形式结构、层次结构）的内容却是随着我国社会、经济发展的变化而变化的，具有动态变化的发展过程。因此，高等职业教育要根据社会、经济的发展水平和要求，制定切合实际的、可操作的高职教育结构内部的发展目标，如教学结构、管理结构等，使之协调发展。

高职学校应根据区域经济结构、产业结构、技术结构的特点，结合学校的优势，明确学校的发展重点，优化和提升专业结构。在专业结构提升过程中，要处理好社会需求的多样性和多变性与学校教育稳定性、学校教育资源的可利用性的关系，从而使专业结构更符合区域经济发展要求，更符合技术发展的前沿水平。

学校的办学理念要体现时代精神、高职特色、教学特点、学生特长。这就要求办学者在调整高等职业教育结构时，要充分贯彻素质教育思想，充分体现终身学习理念，充分体现教育个性化和效益化原则，三位一体、整体考虑，实现形式结构、层次结构、布局结构最优化、科学化，使高等职业教育结构内部的每一环节衔接有序、高效运行。

（二）全面适应：高等职业教育结构优化的目标选择

全面适应的内涵有两点：一是高等职业教育结构的调整与提升应以社会需求为目标，主动适应社会结构、经济结构、产业结构、技术结构的变化；二是高职教育结构的调整与提升应以社会公民的职业发展为目标，为每一个社会公民提供继续学习的机会和条件。

1. 高职教育结构是一个开放的系统，对社会每一个公民全方位开放

只有全方位开放，才能达到全面适应的目的。也就是说，高等职业教育只有对社会各界全面开放，才能使高等职业教育结构与社会大系统相适应，社会才能有目的、有计划地向高职教育提供资源和财源。

2. 全面适应的核心是准确把握高等职业教育的改革走向

在发展战略上，高等职业教育由"事业"向"产业"转变；在发展目标上，高等职业教育由资源型向需求型发展；在发展规模上，由数量扩展型向质量提高型转变；在办学形式上，更加重视非学历教育规模的发展；在人才培养上，重点开发学生"看不见的知识"；在管理模式上，由资源管理向知识管理转变。这些重大变革，既是高等职业教育结构优化的目标选择，又是高等职业教育未来发展的战略要求。

（三）宏观规划：高等职业教育结构优化的条件保障

市场经济的建立，使高等职业教育面向社会自主办学的权限更大了，面向社会开放的领域更广了，高等职业教育结构优化与提升的空间更大了，但这并不意味着政府可以放松对高等职业教育结构发展的调控与管理。从目前高等职业教育发展的实践看，市场确实存在一定的盲目性。人才市场反映出社会需求有两个明显特点：一是波动性，二是滞后性。如果高等职业教育发展跟着市场感觉走，必然会使高职教育的专业结构、层次结构、形式结构的调整与发展失去依据，失去方向。因此，政府必须加强宏观规划、政策引导、质量监控、分类指导，以保证高职教育结构发展的方向。

（四）高等职业技术教育规范性结构优化

目前，我国的高等职业教育在数量和规模等实体性结构方面的扩张已成事实，但在制度和规范层面上，尤其是在发展定位上，仍有很大的调整与优化空间。

1. 适应性定位取向

除适应经济发展对人才的需求以外，适应社会的发展和要求是教育活动的一条基本规律，也是建立规范性教育结构的一个基本途径。对于我国当前

的高等职业教育来说，适应我国自古以来形成的地位竞争传统意识，也是我国高等职业教育发展定位中一个不可忽视的重要方面。

（1）注重引导的实际效果

引导是适应的途径之一。对于人们存在的过度的地位竞争意识，完全有必要进行适当的引导，并逐步予以匡正。然而，目前我们在这方面引导的效果并不理想。究其原因，一是缺少用工制度和待遇报酬等经济政策的辅助，二是某些宣传产生的负面效应的抵消。目前值得我们重视的一个现象是，一方面我们在引导人们消除"唯学历"思想的影响，而另一方面却在为高学历竞争大做宣传。多年来，不惜一切代价把子女培养成大学生的动人故事不时见诸报端。这种做法对于唤起人们的重教观念起了很大的作用，但是也产生了一定的负面效应，如将根深蒂固地存在于大众思想深处的"万般皆下品，唯有读书高"的传统观念与当今重视知识和人才的大政方针搅到一起，并披上了合理合法的外衣，似乎只有上大学才能成为人才，培养出大学生才是好家长。每年高考前后，各种媒体足足要花上将近一个月的时间进行有关复习迎考、考场环境、成绩分档、阅卷查分、新生报到的宣传。相比之下，赋予"人才"新含义，对人们走出"唯学历"误区有重大指导意义的中国第一次全国人才工作会议，则受到极大的"冷落"。教育发展是我国科教兴国战略的重要组成部分，有关国之兴衰。因此我们不能忽视在每一个细小环节上的正确引导。

（2）正视地位竞争存在的现实

适应的另一途径是分析某一现象存在的基础，尊重并服从事物发展的客观规律。任何一种传统观念的存在都有其一定的合理性与必然性。一方面，我国教育发展中过度的地位竞争意识与我国几千年封建社会的历史和我国较为落后的经济发展现状有直接关系，必须随着我国社会经济的发展逐步匡正，不可能在短期内有很大的改观。另一方面，地位竞争意识的存在是一种必然，任何一个国家和民族都不例外，我们必须予以正视。美国的职业技术教育观念在 20 世纪 60 年代有过一次很大的改变。当时的人们认为，原有的职业技术教育模式对处境不利的弱势群体而言是不公平的，没有为他们上升到主流阶层提供任何机会，造成了社会阶层的再生产。美国的《1963 年职业教育法》强调，职业技术教育应为受教育者在职业和个人发展方面做准备。美国的《1968 年职业技术教育修正案》进一步强调，教育不应分为普通的、学术的和职业的教育。原因是：一方面，职业技能对于任何教育而言都是必不可少的；另一方面，受教育程度的提高有利于更好地就业。对于我国当前的高职教育来说，人为地限制高职教育的层次尽管有很充分的理由，但显然不利于它的顺利成长。而且，从社会民主的角度看，也不利于社会平等。因此，对于学习与就业之间衔接的高等教育而言，当前更重要的可能是提高普通高等教育的职业技术内涵，而不是限制职业教育的层次。而对于高职教育来说，唯有在坚持多样化发展和尊重区域性差异的基础上进行适当的宏观指导，才有利于建立科学合理的层次结构。

2. 办学多样化定位取向

特罗的高等教育发展三阶段理论是对美国及一些西欧国家高等教育适应社会需求的自然发展的描述。它是告诫我们高等教育发展必然与相关环境及条件的变化相伴而行的预警理论，而不是目标理论。当然，这并不意味着我们不能人为地将其作为目标。然而"三段论"的这一内涵却提醒我们，当我们人为地将它作为目标时，必须重视并营造它产生所需要的环境与条件，其中最为重要的条件之一就是高等教育的多样化。目前我国高等职业教育入学和就业的现实告诉我们，在我国地位竞争意识尤其突出的社会环境中，高职教育的办学多样化尤为重要。

（1）短期教育与预备教育两者兼顾

有专家认为，我国目前还不适宜提产业结构提升，而应通过贴牌生产授权的途径，争取世界制造业的中心地位。实际上，我国经济建设的贴牌生产现象已经成为现实。这一现象使得高级专业技术和技能型人才的需求不仅量大而且十分紧迫。教育部组织实施的紧缺人才培养工程正是应对这一形势的有效举措。根据国际权威专家的预测，随着中国经济的稳步增长和电子商务的蓬勃发展，中国将成为世界主要的原始设备生产基地，世界 1/3 的贴牌生产商务将转移到中国。而且，根据韩国和中国台湾地区的经济依靠贴牌生产起步的经验，我国的这一经济发展形态可能会延续一个阶段。因此，建立与我国世界制造业中心地位相配套的人才培养长效机制应立即纳入议事日程。目前教育部组织开展的两年制短期高等职业教育的研究和探索正是建立这一机制的重要组成部分。对于高等职业教育来说，应根据不同地区、不同行业、不同时期的不同要求，积极、迅速而又有效地为生产第一线培养各类紧缺的高级专门人才。需要提醒的是，在我们开展短期教育培养紧缺人才的同时，不能忽视人们传统的地位竞争的需求。换句话说，高等职业教育与普通高等教育之间的衔接渠道必须随时保持畅通。我们应该在高等职业教育中开设进入高一级教育所需要的预备教育课程，并使其逐步规范化，将其纳入我国高等教育整体发展的规范性结构之中，以满足已经进入高职且有志于进一步深造者的需求。

（2）普通高等教育与高等职业教育的相互补充与整合

根据高等教育规范性结构的整合性取向理论，各种旨在适应社会发展和经济建设的个体性教育活动只能在教育的整体上达到预定目标。我国高等职业教育是高等教育的一部分，是高等教育的一种类型，因此应在与普通高等教育的整合中发展。一方面，我国高等职业教育尚不成熟，虽然在职业训练、就业导向等实践性教育环节上有一定的经验，但在教育教学管理等方面仍需尽快加强；另一方面，我国的普通高等教育相对较为成熟，却因注重学术忽视实用而面临种种挑战。因此，根据教育活动内在统一性的特点，通过两者之间的协调和补充，形成比较合理的发展和活动策略，有利于我国高等职业教育的发展。

我国高等教育目前采取的是较为合理的内涵式发展模式，合理之处在于它在一定程度上挖掘了现有的潜力，防止了盲目新建。然而，内涵是对高等教育整体而言的，而不应将高等教育的各种类型割裂开来看。因此，内涵发展还应有另一方面的内容与要求，那就是现有力量之间的相互协调与补充。目前，我国普通高等教育与高等职业教育两者的发展存在"两张皮"现象，缺少相互的补充与交流，没有发挥整合的优势。从发达国家高等教育发展的经验来看，不同高等教育类型之间相互协调和补充的整合式发展，既有利于各种类型的个体发展，又有利于高等教育的整体发展。针对我国地位竞争意识较强的特点，从规范性结构优化的角度来说，类型与层次交叉的整合性结构，应是我国高等职业教育和整个高等教育发展较为理智的选择。在这方面，我国台湾地区高等职业技术教育的发展便是一个十分有力的说明。国际教育标准分类（1997）将大学专科和本科及硕士研究生教育纳入同一等级，而且专科、本科和硕士研究生教育均被分成以理论为基础的、为从事研究或从事高技术工作做准备的 A 类课程计划，以及实用的、技术性的、具有职业特殊性的 B 类课程计划。可见，高等教育类型与层次双方"你中有我、我中有你"的交叉整合是全球高等教育发展的一个共同现象。菲利普·福斯特认为，只要普通教育的课程具有一定的就业倾向，那么职业教育对于社会发展的目标就是没有意义的。有研究表明，对于一些发展中国家来说，职业教育是提供技术劳动者的重要途径，然而它的回报率却低于普通教育。因此，随着社会进步对机会均等的逐渐重视，职业教育将渗透到各个相关层次的教育中，而目前意义上的职业教育有可能会渐渐淡化成短期职业培训。总之，社会的变迁是永恒的，因此职业教育应该是一个终身过程，应该是贯串于整个教育过程之中的、以培养人的应变能力为主要目标的终身教育。

第五章　高等职业院校创新创业教育研究

第一节　创新创业教育概述

创新与创业的含义、概念不同，语境语义有所区别，在不同的时期和领域有着不同的解释。

一、创新的概念

"创新"的概念涉及经济学、社会学、管理学等多个领域，分类众多。其原意包含三个方面：第一，更新；第二，创造新的东西；第三，改变。《现代汉语词典》把"创新"的含义解释为"抛开旧的，创造新的"。美籍奥地利裔经济学家、创新理论的奠基人约瑟夫·阿洛伊斯·熊彼特（以下简称"熊彼特"）认为："创新"就是建立一种新的生产函数，也就是把一种新的生产要素和生产条件的"新组合"引入生产体系。它包括五种情况，即引进新产品，引入新的生产方法，开辟新的市场，控制原材料或半成品的新来源，建立工业（企业）的新组织。企业家的职能就是要引进"新组合"，实现创新。管理学大师彼得·F. 德鲁克在《创新与企业家精神》一书中发展了熊彼特的创新理论，认为创新是赋予资源以新的创造财富能力的行为。

创新作为一种人类的认识、实践能力，是人类主观能动性的高级表现形式，是民族进步和国家发展的不竭动力。21 世纪，随着创新成为经济发展、社会进步的原动力，创新的内涵也会越来越丰富。可以说，人类社会发展的历史就是一部充满了创新、创造性思维实践和创造力发挥的历史。

二、创业的概念

《辞海》将"创业"定义为"创立基业"，突出开端的艰难及过程的开拓与创新意义。刘建钧认为，"创业"是一种创建企业的过程，或者说是创建企业的活动。他指出创业活动必然涉及创新，但创新不一定是创业活动。郁义鸿、李志能等人认为"创业"是一个发现和捕捉机会并由此创造出新颖的产品或服务服务进而实现其潜在价值的过程。罗天虎认为"创业"是个人或群体为了改变现状、造福后人，努力创造和积累财富的艰苦奋斗过程。创业活动具有开拓性、自主性和功利性等基本特征。雷家骕认为"创业"是创新的特殊形态。

在理论上，当今学者并没有给创业一个普遍定义。但梳理之后不难发现，创业有狭义和广义之分：狭义的创业通常指创建一个新的企业；广义的创业一般指创造新事业的过程。

三、创新教育

目前，世界上关于创新教育的定义主要有两种。其一，创新教育是以培养人创新的意识、精神、思维、创造能力或创新人格等创新素质，以及培养创新型人才为目的的教育活动。这种定义认为它是一种理念和思想。其二，创新教育是为了使人们能够更好地创新而开展的教育活动，也就是说，凡是以培养人的创新素质、增强人的创新能力为主要目的的各种教育活动都能被称为创新教育。这种定义认为它是一种能力教育。

四、创业教育

创业教育是联合国教科文组织在1989年"面向21世纪教育国际研讨会"上提出的。大会指出，创业教育从广义上讲是为了培养具有开拓性的个人。杨爱杰认为，创业教育就是指培养学生创业意识、素质和创业技能的教育活动，以及教会学生适应社会生存、提高能力和自我创业的方法和途径。《学会关心：21世纪的教育圆桌会议报告》指出，创业教育通过开发、提高学生创业的基本素质和能力，使学生具备从事创业实践活动必需的知识、精神、能力和心理品质，是未来的人除学术性和职业性"教育护照"外应该掌握的第三本教育护照。郭丽君等人认为，创业教育包含三层目标：第一层是通过学习了解创业；第二层是通过学习成为具有创业品质、精神和能力的人；第三层是通过学习成为经营企业的创业家。还有部分学者认为创业教育是一种培养学生从事工商企业活动的综合能力的教育，能让学生从单纯的就业求职者成为职业岗位的缔造者，即创业者。而且创业教育不仅仅是一种纯粹的、单纯以营利为目的教育活动，更是渗透于人们生活的一种思维方式和行为理念。

五、创新创业教育的时代背景

21 世纪充满了创造、创新与创业，知识经济占主导地位，国家经济的发展与社会的进步越来越依赖科技创新的水平与创新创业人才的培养。随着国际经济和社会的发展，世界各国越来越重视大学生的创新创业教育。

联合国教科文组织于 1989 年 11 月在北京召开"面向 21 世纪教育国际研讨会"，大会首次把创新创业教育称为"第三本教育护照"，把创新创业教育提高到与学术性和职业性教育同等重要的地位。1998 年 10 月，联合国教科文组织指出，"高等学校，必须将创业技能和创业精神作为高等教育的基本目标"，要使毕业生"不仅成为求职者，而且逐渐成为工作岗位的创造者"。我国 1999 年 6 月颁布的《中共中央　国务院关于深化教育改革，全面推进素质教育的决定》明确提出，"高等学校要重视和培养大学生的创新能力、实践能力和创业精神，普遍提高大学生的人文素养和科学素质"。

2006 年初，胡锦涛同志代表党中央和国务院在全国科学技术大会上发布了增强自主创新能力的决定，发出了"坚持走中国特色的自主创新之路，建设创新型国家"的伟大号召。中国共产党十七大报告明确提出了"提高自主创新能力，建设创新型国家"和"促进以创业带动就业"的发展战略。《教育部关于大力推进高等学校创新创业教育和大学生自主创业工作的意见》明确提出，创新创业教育是一种新的教育理念与模式。《国家中长期教育改革和发展规划纲要（2010 年—2020 年）》指出高等教育要强化教学实践环节，推进创业教育。2011 年，国务院下发了《国务院关于进一步做好普通高等学校毕业生就业工作的通知》，明确要求要落实和完善创业扶持政策，加强创业教育、创业培训和创业服务，支持高校毕业生自主创业。教育部在"2012年全国普通高校毕业生就业工作视频会议"上，要求继续把创新创业教育和大学生自主创业作为2012年的工作重点，并力争实现新的突破。教育部于2012年颁布了"创业基础"教学大纲，要求各高校创造条件，面向全体学生单独开设"创业基础"必修课，以创业带动就业、促进高校毕业生充分就业。"十八大"提出经济体制改革与经济发展要实施创新驱动发展战略；教育领域要全面实施素质教育，深化综合改革，培养学生的社会责任感、创新精神、实践能力；为实现高质量就业，各级政府要贯彻促进就业和鼓励创业的方针，做好高校毕业生为重点的青年就业工作，提升劳动者就业创业能力。

创新和创业是21世纪的时代命题。20世纪末开始，全世界都被卷入了"创业热潮"之中。我国要实现从人口大国向人力资源大国的转变，到2020年进入创新型国家行列，首要的任务就是培养年轻一代的创新精神和创业技能。大学生的创新创业能力关系着一个国家的经济可持续发展和竞争力。高校不再是产生理论家、思想家的摇篮，更要培养具有现代经营理念的优秀创新创业型人才。从国际视角看，随着创业经济的发展和全球竞争态势的不断加剧，大力发展高校创新创业教育逐渐成为各国的共识。从国内视角看，高校创新创业教育逐渐成为缓解日益增大的大学毕业生就业压力，以及提升受过高水平教育人群的创新精神和创业意识的重要途径。

（一）当今社会对创新创业人才的迫切需求

知识经济时代的到来，对人类经济社会活动的各个领域，对现有的生产方式、生活方式、思维方式等正在产生巨大的影响，它使国际的核心竞争力越来越表现为对人力资源和智慧成果的培育、配置和调控。知识促进经济社会的发展，是以高素质的创新创业型人才为基础的。这种高素质的创新创业型人才是全面发展的复合型人才，是具有强烈的创新精神、实践能力和创业能力的人才。

现今，我国正处于产业结构调整最为关键的时期，我们经济社会在发展过程中面临着怎样加强知识和技术创新、如何挖掘高科技产业和实现产业化等深层次问题。

《国家中长期科学和技术发展规划纲要（2006 年—2020 年）》明确提出建设创新型国家的重大战略。科技创新，人才为本；培养人才，教育为本。我国经济社会发展的现实需求决定了必须坚持把创新型人才资源作为增强自主创新能力的核心因素和提升国家竞争力的重要战略资源。世界银行专家对资源存量的研究显示，目前全世界物质资源、自然资源和人力资源的构成比约为 16∶20∶64，充分说明了人力资源是全球国民财富中最大的财富。目前，我国人才总量不足，高层次创新人才严重短缺，人才资源仅占人力资源总量的 5.7 %，而高层次人才仅占人才资源总量 5.5 %。人力资源的素质将最终决定国家发展的质量。人才是知识和技术的载体，只有达到人才的可持续发展，才能保持创新的持久性。

（二）开展创新创业教育的政策保障

当下，我国正处于"十四五"建设时期。我们努力将现代企业制度建立在国有企业中，并加大力度引导振兴个体、私营经济，由此实现适度发展；通过建立健全社会保障制度，达到社会主义市场经济体制的初步完善，更加广泛地参与国际经济合作，为创业者提供良好的创业机遇和广阔的发展空间。同时，随着不断突现的新型科技手段的应用和就业压力，创业教育被视作国家政策中的重要内容，并且成为高等教育面临的一项紧迫任务。

1999 年 1 月发布的《面向 21 世纪教育振兴行动计划》是中央对高校创新创业教育的响应。该计划强力推行"高校高新技术产业化工程"，希望以此建设国家高新技术产业，从而创造经济增长点的新高；充分发挥高校自身的优质条件，为科研项目及各行业的结构调整搭建平台，更加圆满地完成产学合作及成果转让；加大高新技术产业化基地的建设力度，主推科技园区等"孵化器"，并提出"加强创新创业教育，鼓励师生自主创业"的核心理念。

共青团中央与科技部于 1999 年 5 月共同发表了《共青团中央、科技部关于共同实施中国青年科技创新行动的意见》，进一步激发年轻人的创新精神及创业的实践能力，为大学生创新创业教育给予更多机会和支持。在2002年教育部确定了九所创业教育的试点院校。

2003年10月底和2004年5月中旬，教育部先后组织举办了两届"创业教育骨干教师培训"，来自全国100多所高校的300多名教师参与了学习。而早在2003年，国家市场监督管理总局就出台了对普通高等学校毕业生从事个体经营有关的优惠政策，大大缓解了当年的高校毕业生就业压力。

（三）创新创业教育缓解了就业压力

近年来，我国高等教育实现了大规模发展，这一方面使更多的适龄青年实现了接受高等教育的愿望，国民素质得到了提高，但另一方面高校毕业生的就业也成了一个现实而严峻的问题。同时，随着我国体制改革的不断深入，国有企业、政府机关和高等院校吸纳高校毕业生的能力明显不足，大学生就业形势越来越严峻。妥善处理大学生就业，不应单纯是安置现成劳动力的简单工作，甚至应是加强人力资源的优化建设、提升人口素质，乃至将我国人力资源优势成功转化为经济社会发展优势的过程。我们这样一个劳动力大国，用创业教育培养创业型人才，为社会提供更多的就业岗位，是解决就业问题的根本出路。今后工作岗位的数量就会倍增，岗位的变动将更加频繁，创新创业教育过程就是提高学生适应能力的过程。因此，开展创新创业教育，提高大学生的创业意识和创新能力已成为高校的一项重要任务。

第二节　高等职业院校创新创业教育开展的理论基础

创新创业教育以培养具有创业基本素质和开创型个性的人才为目标，不仅要以培育在校学生的创业意识、创业精神、创新创业能力为主的教育，而且要面向全社会，针对那些打算创业、已经创业、成功创业的创业群体，分阶段、分层次地进行创新思维培养和创业能力锻炼的教育。创新创业不是凭空臆造的，而是建立在知识的传播、转化和应用的基础之上的。高职院校培养创新人才绝非为教育创新而创新，而是有着厚重的理论底蕴作为支撑的。

一、人力资本理论

人力资本是指凝聚在劳动者身上的知识、技能及其所表现出来的能力。人力资本理论的产生可以追溯到 18 世纪。早在 1776 年，现代经济学的创始人亚当·斯密就在他的代表作《国富论》中指出：个人通过学习所获得的已成为个人能力一部分的知识和技能，也应视作社会财富的一部分，是社会固定资本的组成部分。

随着经济和科技的发展，到 20 世纪中叶时，学者们对人力资本的研究开始系统起来。其中，最杰出的代表人物当属美国的舒尔茨，他在其名著《论人力资本投资》中指出："事实证明，人力资本是社会组织和个人投资的产物，其质量高低完全取决于投资多少"。人力资本是关于人口质量的投资，它比物力资本更加高效，在人力资本形成的各种途径中，教育是一条最重要的途径。西方大多数专家指出，教育是一种生产性投资，它对经济增长具有举足轻重的作用。

在人类所拥有的一切资本中，人力资本是第一宝贵的，这自然成了现代管理的核心。更好地提高人力资本的管理水平，不仅是发展经济、提高市场竞争力的需要，也是一个国家、一个民族长期兴旺发达的重要保证，更是一个现代人充分开发自身潜能、适应社会、改造社会的重要措施。因此管理好人力资本有着重要的意义。

（1）合理的管理，可以实现人力资源的精干和高效，取得最大的使用价值。同时，人的使用价值达到最大等同于人的有效技能最大限度地发挥。

（2）采取一定措施，可以充分调动人力资源的积极性和创造性，最大限度地发挥人的主观能动性。调查发现，按时计酬的员工每天只需发挥自己 20 % ～ 30 % 的能力，就足以保住个人的饭碗。但若充分调动其积极性、创造性，其潜力可发挥出 80 % ～ 90 %。

（3）通过教育和培训，人力资本的效能可以不断提高。人类社会的发展，无论是经济的还是政治的，最终都是为了人本身的发展。马克思指出，教育不仅是提高社会生产的一种方法，而且是造就全面发展的人的唯一方法。随着社会的发展，教育和培训在人力资源开发和管理中的地位越来越高。

21世纪的中国处在一个知识经济时代，也是一个创业的时代，这源于日益激烈的人才竞争、严峻的就业形势及国家经济发展方式的转变，于是对人才的素质、人才开发的力度和高校人才培养模式也有了新的要求。大学生除了要掌握知识、技能，还需着力提升文化修养、企业家精神、创新创造能力，以提高其综合素质。

人力资本理论为创业人才的培养提供了理论依据，创业人才的培养是时代的要求，高校培养出来的创业人才是经济发展和社会进步的有力推动者。

二、实用主义教育理论

实用主义教育理论兴起于19世纪末的美国，是以批判约翰·弗里德里希·赫尔巴特为代表的传统教育学为基础，以美国实用主义文化为背景建构起来的一股教育思潮。它深深地影响了20世纪全球的教育理论的研究和实践。实用主义教育理论代表人物有美国哲学家、教育学家约翰·杜威（以下简称"杜威"）和威廉·赫德·克伯屈等。

杜威非常重视教育过程中师生之间的合作关系。他认为，在教育过程中要激发学生自己发现问题、解决问题，但并不是指教师可以袖手旁观，保持沉默，而要共同参与学生的活动。在这种共同参与活动的过程中，教师或学生越少意识到自己在那里施教或受教就越好。杜威反对那种依靠威吓和压制进行的教育和教学，要求各门课程的教学过程成为师生合作相互作用的过程，成为师生两方面都作为平等者和学习者共同参与的过程。

实用主义教育理论的观点总结如下：

第一，教育即生活。教育的过程和生活的过程是合二为一的，而不是为将来的某种生活做准备。

第二，教育即个人经验的增长。让学生在真实的情境中增长自己的经验，这是教育的最终目的。

第三，教育即成长。是个人经验的增长过程。

第四，学校的课程是以学生的经验为中心的，打破了原来以学科为中心的课程体系。

第五，教育教学不再以教师为中心。教师只是学生成长的帮助者，学生才是教育教学的中心。

第六，在教育教学过程中，要注重学生的创造性的发挥，提倡让学生在学习的过程中独立探讨、发现问题。

当今社会的学者们依然认为实用主义教育哲学拥有极大的社会价值，认为"杜威教育思想依然是有生命力的"。

总之，实用主义教育理论所倡导的以学生为中心、活动课程、做中学为特色的教学思想，为教学思维的改变和教学模式的更新及创业人才的培养策略提供了理论基础。

三、创新型国家理论

通常，人们按照实现工业化和现代化道路的不同对国家进行划分。有些国家主要依靠自身丰富的自然资源增加国民财富，如中东的产油国家，即资源依赖型国家；有些国家主要依附于发达国家的资本、市场和技术，如拉丁美洲的一些国家，即依附型国家；还有一些国家把科技创新作为基本战略，大幅度提高科技创新能力，形成日益强大的竞争优势，国际学术界把这一类国家称为创新型国家。创新型国家是指以技术创新为经济社会发展核心驱动力的国家。其主要表现为整个社会对创新活动的投入较高，重要产业的国际技术竞争力较强，投入产出的绩效较高，科技进步和技术创新在产业发展和国家的财富增长中起重要作用。

作为创新型国家，至少要具备 4 个特点：①创新投入高，国家的研究开发投入占国内生产总值的比例一般在 2 % 以上；②自主创新能力强，国家的对外技术依存度指标通常在 30 % 以下；③科技进步贡献率在 70 % 以上；④创新产出高。目前世界上公认的 20 个左右的创新型国家所拥有的发明专利数量占全世界总数的绝大部分。

为了在竞争中赢得主动，依靠科技创新提升国家的综合国力和核心竞争力，我国把推进自主创新、建设创新型国家作为落实科学发展观的一项重大战略决策，创新型国家理论在我国不断地渗入。2006年1月，国务院发布《国家中长期科学和技术发展规划纲要（2006—2020年）》（以下简称《纲要》）。《纲要》立足国情、面向世界，以邓小平理论和"三个代表"重要思想为指导，认真落实科学发展观，以增强自主创新能力为主线，以建设创新型国家为奋斗目标，对我国未来几年科学和技术的发展做出了全面规划和部署。《纲要》反复强调，要建设创新型国家，其基础是培养创新人才。2006年6月，胡锦涛同志在中国科学院院士大会和中国工程院院士大会上再次强调：建设创新型国家，关键在人才，尤其是创新型科技人才。

高职院校在国家整个创新体系建设中扮演着特殊的角色。它肩负着生产、建设、服务、管理第一线的专业知识和科技创新的使命，承担着培养创新人才的重要任务。而创新人才在推动生产一线科技成果转化、服务社会主义现代化建设等方面发挥着不可替代的作用。因此，培养创新人才是建设社会主义现代化的重要环节，也是建设创新型国家的应有之义。

四、人的全面自由发展理论

马克思在《共产党宣言》中概括了共产主义新人形象的本质特征，那就是"每个人的全面而自由的发展"。"两个人的全面而自由的发展"蕴含了两个方面的内容：一是人的性格和智慧得到全面的合理的发展，具体来说，就是在道德、智力、情感等方面得到全面、和谐的发展；二是人的个性和才能得到自由自主的发展，具体来说，就是进行自由的生命活动和自觉的创造活动。"一切人的自由发展"与"每个人的自由发展"及其辩证关系，构成了马克思"人的全面自由发展"理论的基本内容。

在马克思看来，人的全面发展还包括个性自由、人的性格、智慧等方面的发展。传统教育模式以培养适应社会政治经济发展的人才为目标，在教育实施上有着重共性、轻个性的倾向，这显然与人的全面自由发展相违背。从学界对创新人才的界定来看，创新思维、创新能力、创新品质和意志等方面的要求，本质上是以人的全面自由发展为基础的。同时，推进人的全面自由发展，与促进社会、经济、文化的发展，是互为前提和基础的。人越是全面自由发展，社会的物质精神财富就会创造得越多；反之，社会物质精神财富越充分，就越能推进人的全面自由发展。

人的全面自由发展理论已经充分地渗透到当前高等教育实践之中。国家创造性地提出了"以人为本"的科学发展观，将人的全面自由发展与整个社会的和谐发展联系起来。可以说，创新人才的最高标准即个性全面自由发展了的人，培养创新人才是高职院校践行科学发展观的客观要求。为此，高职院校应转变教育观念，确立"以生为本"的教育理念，遵循青年心理和生理发展的科学规律，主动地进行高素质人才培养的教育实践活动。

五、创新教育理论

目前，大多数人认为高职教育是培养生产一线的高技能劳动者的教育，这些劳动者只需要按设计师设计出的图纸和建造方案实施，基本没有创新的空间与需要。因此，高职教育只注重工艺、技术的训练和规范、标准的教育。但是人不是机器，现代人的劳动，都是创造性的劳动。生产实践是技术与能力提高的本源。高职教育之所以倡导校企合作、工学结合，推行工作过程系统化教学，其出发点就是要把课堂教的死知识、工艺规范与生产实际相结合，充分发挥人在劳动过程中的主观能动性、创造性，使人主动学习、深刻领会，体悟在操作、人机对话过程中隐含的知识、规律与问题。高职院校培养生产一线的劳动者，也就迫切需要来自生产一线的鲜活知识。教材，永远落后于社会实践，永远不可能复制实践中的全部知识，尤其是劳动过程中的隐性知识。教师传授的知识与技能，都是规范化、系统化、理论化的再加工知识，遗漏、缺失、偏差、固化、表述不准等不可避免。

根据知识能否清晰地表述和有效地转移，可以把知识分为显性知识和隐性知识。社会生产、生活具体行为中的隐性知识大量存在，需要有知识基础的"有心人"，去发现、概括、总结、提炼，并且提出解决方案。一个一个隐含的问题被攻破、被解决，就是技术进步的过程。技术进步不是在某一时刻的突变，而是日积月累的渐变。

隐性知识到显性知识的转化，是一个建立重复利用知识体系的过程。它重点强调的是信息的采集、组织、管理、分析和传播。在这一过程中，信息不断聚合，产生新的理念。私人知识并不能直接共享，可以进行传递的仅仅是知识中的有关观点和信息。他人在接收信息后，要对其进行深入的感知、理解和内化，然后才能形成自己的新知识。

内化意味着新创造的显性知识又转化为组织中其他成员的隐性知识。显性知识隐性化的目的在于实现知识的应用与创新。知识的应用与创新是知识管理的终极目标。组织能否在竞争中占有优势取决于组织能否充分利用知识，能否不断创造出新的知识、进行知识的更新。经过隐性到显性，再由显性到内化的四个阶段，组织的竞争力得到提高，知识管理完成一个基本循环。

上述由创造知识到提高技术的转化过程，隐性知识向显性知识的转化是核心，也是知识生产的最直接和最有效的途径。生产组织中员工个人的隐性知识，是企业新知识生产的核心。如何有效地激发个体的隐性知识，避免转化过程中的障碍，增加转化方式的互动作用，将影响企业新知识的产生水平。

生产一线的劳动者，除具有把隐性知识转化为显性知识这一创造新知识的功能外，他们从事的现代工业社会劳动本身，就是智力运用与创造的过程。

高职院校培养的是高技能专门人才，是生产一线的劳动者，他们的劳动过程，就是新知识的生产过程、智力运用过程、创造性的劳动过程。高职教育如果没有创新教育的内容，则我们的高职教育，只是在给机器输入程序，而不是培养活生生的人。若要培养人，而且是人才，就必须把创新教育作为核心内容。

六、蒂蒙斯创业理论

创业理论源于 18 世纪时"企业家"一词的出现。随后，有关创业的研究逐渐多起来。学者们从各自不同的视角对创业相关的创业现象、创业本质、创业理论进行了探讨。杰弗里·A. 蒂蒙斯（以下简称"蒂蒙斯"），是富兰克林·欧林创业学的杰出教授，是创业管理教育领域的权威人士，1999年起成为美国国家创业委员会的特别顾问。蒂蒙斯对创业过程模型给出了经典的诠释。

第一，商业机会是创业过程的核心驱动力，创始人或工作团队是创业过程的主导者，资源是创业成功的必要保证。

创业过程始于创业机会，而不是钱、战略、网络、团队或商业计划。开始创业时，商业机会比资金、团队的才干和能力及适当的资源更重要。在创业过程中，资源与商机间经历着一个"适应—差距—适应"的动态过程。商业计划提供沟通创业者、商机和资源三个要素的质量、相互间匹配和平衡状态的语言和规则。

第二，创业过程是商业机会、创业者和资源三个要素匹配和平衡的结果。

处于模型底部的创始人或工作团队要善于配置和平衡，借此推进创业过程，他们必须做的核心过程是：对商机的理性分析和把握，对风险的认识和规避，对资源的最合理的利用和配置，对工作团队适应性的分析和认识。

第三，创业过程是一个连续不断地寻求平衡的行为组合。

在三个要素中绝对的平衡是不存在的，但企业要保持发展，必须追求一种动态的平衡。保持平衡的观念展望企业未来时，创业者必须思量的问题是目前的团队是否能领导公司未来的成长；资源状况是公司下一阶段成功面临的陷阱。这些问题在不同的阶段以不同的形式出现，牵涉到企业的可持续发展。

蒂蒙斯创业理论对创业相关的商业机会、创业者、资源及它们之间的关系进行了详细的分析，诠释了创业过程的含义。蒂蒙斯创业理论为如何培养创业人才、从哪几个方面入手培养、创业人才应该具备什么样的素质提供了一定的理论参考，具有方法论的意义。

第三节　高等职业院校创新创业教育的目标及策略

创新创业教育的基础理论可以帮助我们更好地确立高职教育创新创业人才培养目标的定位。中国社会经济飞速发展、科学技术不断进步，中国的社会进入到大发展的时期，与之相对应的高等职业教育人才的培养目标定位也在不断地发生变化。高职教育要与技术进步保持协调一致，不断反映转型期经济社会发展的新要求，才能不断实现其存在的价值。研究高职创新创业人才培养目标的定位，首先要了解我国高职教育人才培养目标的发展变化，以及高职创新创业教育的现状，才能更加准确地定位新形势下创新创业人才培养的目标。

一、高职教育人才培养目标的现状及问题

（一）我国高职教育人才培养目标的发展历程

随着高职教育发展规模的不断壮大，我国高职教育人才培养方向的定位始终在不断地发展变化。我国是一个民族众多、地大物博的国家，各地经济发展差异很大，对高职毕业生的需求也不一样。最早对高职人才的培养要求为高层次实用技术人才，但这样很难界定大量文科方向的毕业生。如果定义为技能型也很难界定许多社会事业类专业的毕业生，更何况，高职教育的培养目标在一定的培养阶段也会出现不同的重点和方向。这反映在高职毕业生的培养要求上，就是不仅要有技术、有技能，更要有一定的管理知识和服务理念，具有一定综合性。这就使得我国高等职业技术教育的人才培养目标多年来一直处在变化不定之中，从开始提出的"高层次实用技术人才""实用型人才""应用型人才"，到后来的"高技能人才"，再到现在提出的"高素质技术技能型人才"，形成了不断发展变化的、多层次的培养目标。

1. 高职形成阶段的"高层次实用技术人才"培养

1980年至1993年，我国逐渐开始以培养"高层次实用技术人才"为导向的职业教育。

1949年以后，短期职业大学的创立标志着具有职业教育特征的高等教育在我国产生。1980年，我国高职教育在部分城市开始起步。1980年8月，南京市政府率先创建了金陵职业大学，此后其他地区纷纷效仿，也建立了为本地培养经济建设人才的短期职业大学。后来，这些学校的这种办学形式得到了教育行政部门的认可。1982年，全国人大五届五次会议勾画了试办短期职业大学的蓝图，为满足地方经济建设对专门人才的需要，试办了以"收费、走读、不包分配"为主要特点的短期职业大学，这是我国新时期高职教育的肇始。

关于人才培养目标，教育部在相关文件中给予了规范："根据地方的需要，按照灵活的教学计划招收自费走读的学生，使学生将来可担任技术员的工作"。当时有大学校长分析认为，高职院校培养的学生是地方经济建设需要的"工程师和技术员"。也就是说，技术人才是高等职业大学办学之初的人才培养目标定位，这一点当时的高等职业大学和教育部达成了共识。

1985年，国家教委批准在上海电机制造学校等三所中专学校的基础上试办五年制技术专科教育，目的在于为我国经济建设战线培养出大批中级和高级专业技术和管理人才，以改变目前和今后一段时间内生产第一线人才奇缺的状况，其主要培养的人才类型为应用型、工艺型人才。这种提法一方面把技术人才之外的管理人才也列入高职教育的培养范畴，另一方面确立了高职教育人才培养类型为"应用型、工艺型"。1987年，《国家教育委员会关于改革和发展成人教育的决定》指出，职业大学要利用同企业、行业的紧密关系，根据需要，举办高等职业技术教育，为企业事业单位培养"生产、经营管理方面的专业技术人才"。

1991年1月，中国人民解放军总后勤部（现中国共产党中央军事委员会后勤保障部）和国家教委共同批准，在邢台军需工业学校基础上建立邢台高等职业技术学校，试办专科层次的高等职业技术教育，学制为三年。"学校的培养目标为拥护中国共产党的领导、坚持社会主义方向、德智体全面发展、掌握有关专业的基本理论知识、具有较强的动手能力、一般应达到五级及以上技术等级的技艺型人才"，这是对技术等级有具体要求的技艺人才。同年 10 月，国务院要求"积极推进现有职业大学的改革，努力办好一批培养技艺性强的高级操作人员的高等职业学校"，明确提出高职教育的人才培养目标是"技艺性强的高级操作人员"。

从相关文件文本的表述中可以看出，这一时期国家对职业大学这一新的高等教育办学机构还处于研究、探索之中，"高职教育"作为高等教育的一种类型还没有明确提出，人才类型多样化的观念也还没有形成，包括普通高等专业教育在内的高等职业教育人才培养方向的定位尚不明确。

2. 高职探索阶段的"实用型人才"培养

1994 年至 1998 年，我国以培养"实用型人才"为职业教育的导向。

20 世纪 90 年代，教育结构调整成为我国高等教育发展的主旋律。1994 年，全国教育工作会议提出通过"三改一补"积极发展高职教育。此后《中华人民共和国职业教育法》与《中华人民共和国高等教育法》的颁布与实施确立了高职教育的法律地位，这也标志着高职教育作为一种崭新的高等教育类型在改革中开始稳步发展。1995 年 8 月，国家教委在全国高等职业技术教育研讨会上提出，高等职业技术教育是属于在高中阶段教育基础上进行的一类专业教育，是职业技术教育体系中的高层次，培养的是在生产服务第一线工作的高层次实用人才。这类人才在生产第一线从事管理和运作工作，其主要任务是将已成熟的技术和管理规范变成现实的生产和服务。这类人才一般被称为高级职业技术人才。1996 年 6 月，原国家教委主任朱开轩在全国职业教育工作会议上指出："从我国的国情出发，高等职业教育主要培养高中后接受两年左右学校教育的实用型、技能型人才，优先满足基层第一线和农村地区对高等实用人才的需要"。从"工程师和技术员"到"应用型、工艺型专业技术和管理人才"，到"达到五级及以上技术等级的技艺型人才"，到"技艺性强的高级操作人员"，再到"高层次实用人才"，高职教育在不断地探索，其人才培养目标的描述也在不断地发生变化。但仔细分析，其内涵并没有发生实质变化，这一阶段主要是培养能够传承和熟练使用技术的高层次实用技术人才，没有对人才的创新能力提出要求。

3. 高职规模发展阶段的"应用型人才"培养

1999 年至 2002 年，我国以培养"应用型人才"为职业教育的导向。

在经历多年的探索期后，高职教育在我国经济大发展和高等教育大众化发展的背景下获得了长足发展，在全国各地的办学规模迅速扩大。1999 年 6 月，《中共中央 国务院关于深化教育改革全面推进素质教育的决定》中指出："要大力发展高等职业教育，培养一大批具有必要的理论知识和较强实践能力，生产、建设、管理、服务第一线和农村急需的专门人才。"2000 年 1 月，国务院指出高等职业学校的主要任务是面向地方和社区经济建设和社会发展，适应就业市场的实际需要，培养生产、服务、管理第一线岗位需要的应用型、技能型专门人才。同月，教育部指出高职高专教育要培养拥护党的基本路线，适应生产、建设、管理、服务第一线需要的，德、智、体、美等方面全面发展的高等技术应用型专门人才。学生应在具有必备的基础理论知识和专门知识的基础上，重点掌握从事本专业领域实际工作的基本能力和基本技能，具有良好的职业道德和敬业精神，以培养高等技术应用型专门人才为根本任务；学校应以适应社会需要为目标、以培养技术应用能力为主线设计学生的知识、能力、素质结构和培养方案，其毕业生应具有基础理论知识适度、技术应用能力强、知识面较宽、素质高等特点。

21 世纪，随着信息技术和网络技术的快速发展，用人单位对人才提出新的要求，创新能力、解决生产现场技术问题的能力显得越来越重要。2002 年，部分高职院校认为："当今社会用人单位越来越要求在第一线从事生产、管理、服务的应用性人才具有创新精神和创业能力，需要他们能敏感地发现生产、管理、服务过程中出现的问题，能对技术性问题提出解决方案"。

因此，这些高职院校在人才培养过程中加强了产学研教育，培养学生的实践工作能力。这一时期高职院校培养了大量的"应用型人才"。

4. 高职稳定发展阶段的"高技能人才"培养

2003 年至 2011 年，我国以培养"高技能人才"为职业教育导向。

2003 年 12 月，全国人才工作会议提出了培养"高技能人才"的要求。与此相呼应，教育部在《2003 年—2007 年教育振兴行动计划》中提出高职教育要"大量培养高素质的技能型人才特别是高技能人才"。同月，教育部原部长周济根据我国制造业发展的新需求指出，我们现在的高等职业教育，就是要定位在技能型、应用型人才的培养。这种人才定位反映了以学生就业为导向的办学理念。2004 年《教育部关于以就业为导向——深化高等职业教育改革的若干意见》（已于 2011 年废止）指出：高等职业院校要坚持培养面向生产、建设、管理、服务第一线需要的，实践能力强、具有良好职业道德的高技能人才。《教育部、财政部关于进一步推进"国家示范性高等职业院校建设计划"实施工作的通知》指出，要发挥高职院校培养"高素质高级技能型专门人才"的重要作用。

2004 年 2 月，教育部原部长周济在第三次产学研结合经验交流会上，针对我国现代制造业与服务业发展的新动向指出，现代制造业与服务业的人才与传统的制造业和服务业不同，关键不在于手头的功夫和感觉，而在知识和技能的结合上，也就是知识技能型人才，高等职业教育就是要培养这类人才。他还提出："坚持以服务为宗旨，为社会主义现代化建设培养高技能人才"。这次会议确立了我国高职教育人才培养目标发展的新方向，也为此后十年的高职教育人才培养指明了改革与发展的方向。

2005 年《国务院关于大力发展职业教育的决定》发布之后，"国家示范性高职院校建设计划"推动我国高职教育走向内涵发展的转型之路，高职教育在人才培养目标定位、人才培养模式选择方面逐步走出了一条特色发展之路。

2006 年 11 月，根据新世纪经济社会发展的新情况和素质教育的需要，教育部要求高职院校把改革方向转向内涵建设。同时，提出要高度重视学生的职业道德教育和法制教育，重视培养学生的诚信品质、敬业精神和责任意识、遵纪守法意识，培养出一批高素质的技能型人才；要针对高等职业院校学生的特点，培养学生的社会适应性，教育学生树立终身学习理念，提高学习能力，学会交流沟通和团队协作；要提高学生的实践能力、创造能力、就业能力和创业能力，培养德智体美全面发展的社会主义建设者和接班人。"高技能人才"强调培养学生的综合素质和技能，具体包括良好的职业道德和法律意识、终身学习理念、合作能力、社会适应能力、实践能力、创新能力、就业能力和创业能力。2011 年 8 月，教育部要求高职院校"培养生产、建设、服务、管理第一线的高端技能型专门人才"。总之，这一阶段我国提出高职教育培养生产一线需要的"高技能人才"的目标，是在高职试点阶段的基础上，分析国际国内经济社会发展情况之后做出的重要决定。"高技能人才"与"高层次实用技术人才"相比，除了重视实践能力教育，更强调学生的综合素质培养，特别是就业能力。

5. 高职体系成熟阶段的"高素质技术技能型人才"培养

2012 年至今，我国开始了"高素质技术技能型人才"的培养。

2012 年 6 月，教育部印发了《国家教育事业发展第十二个五年规划》，对我国高职教育人才培养方向进行了新的定位："完善中等和高等职业学校的布局结构，明确中等和高等职业学校定位，在各自层面上办出特色、提高质量。"在构建现代职业教育体系大背景下，国家对高职教育的人才培养目标定位是，要培养产业转型升级和企业技术创新需要的发展型、复合型和创新型的技术技能人才。这种人才培养是包括道德、知识、技术和技能在内的综合素质的培养，与"高技能人才"培养相比，重点强调为产业转型升级和企业技术创新服务，强调技术型人才培养。它的特点是既体现我国经济发展方式转变的要求，又体现技术型人才培养的回归。2010 年起，部分省市的少数高职院校开始试点本科层次高职教育。这些学校经过几年的调研，目前大多把人才培养目标定位在应用型高级技术人才上，同样强调对学生的技术教育。技术型人才是指掌握和应用技术手段，为社会谋取直接利益的人才。他们处于工程型人才和技能型人才之间，与工程型人才的工作紧密关联。在实现自己社会功能的过程中，技术型人才又必须与技能型人才合作，并指导其工作。技术型人才和技能型人才一样处于人类社会劳动链环的终端，他们是社会财富的直接创造者，是社会总体运转过程中最直接又最积极的因素。技术型人才是一种智能型的操作人才，因此也需具备一定的学术、学科能力和基础学科课程知识，但这种能力和知识的要求远不如工程型人才高，而更强调理论在实践中的应用。在新形势下，技术型人才需要保持其独立存在，并且其在现代社会中的重要性不断提升。这是高职教育开始向技术型人才转变的重要原因。

（二）我国高职创新创业教育存在的问题与原因

我国高职创新创业教育在经历了 30 多年的发展后，在理论建设的研究及实践活动的探究方面取得了一定的成绩，高职院校近年来在创业教育方面也开辟了属于自己的新领域。然而，由于创业教育仍处于发展的初级阶段，在实施开展的过程中难免会遇到一系列的问题，这些问题如果不能及时解决，将会制约创业教育的发展。

十七大提出"以创业带动就业"的政策以来，创业教育受到多方重视及积极响应。主要表现为：政府相继出台多项支持政策，建立配套的服务中心与咨询机构，鼓励大学生自主创业；高职院校也积极开展创业教育的相关课程，在校园中建立创业孵化中心，创设有利条件培养大学生的创业素质；大学生也非常重视创业教育给自己带来的发展机会，在学习的过程中不断积累知识与锻炼能力。但是目前我国高职院校创新创业教育的水平远远落后于发达国家，仍然处于发展初期，且还存在着一定的问题。

1. 完整的创新创业教育目标体系缺乏

（1）对创业教育的重要性认识不到位

高职院校创业教育是在国家严峻的就业形势下应运而生的，虽然其开展已有较长时间，但人们对创业教育重要性的认识仍普遍停留在浅层阶段，如把创业教育简单地看作就业指导的一项内容，是就业指导的补充与延伸，利用课余时间进行教育，致使创业教育难以对多数学生普及。部分开展创业教育的高职院校，也有严重的功利主义倾向，把关注点放在学生的创业活动、创办企业上，而这些创业活动只有少部分大学生能够参与，大部分需要普及创业教育的大学生未能真正受益。

（2）创业教育的培养目标定位不科学

很多高职院校把指导学生如何创办企业作为创业教育的培养目标，在这一目标的指导下，创业教育主要集中在有针对性地对学生开展创业知识教育、提供相应的服务、推动创业项目的开展、提高创业的成功率等方面，创业教育成了企业家的速成班，最终的目标都是围绕如何提高就业率。然而创业教育对学生的长远发展而言有重要的作用，其重点在于培养学生的生存能力，增强创新精神、创业能力，全面提高综合素质。创业教育的培养目标是使学生全面发展，是一种长期目标，不应仅仅是开设店面、谋求生存的短期目标。对创业教育培养目标的定位不科学，容易造成高职院校在人才培养的过程中重视技巧培养、轻视素质培养，重视短期效应、忽视长期培养等问题的产生。

2. 系统的创业教育教学体系缺乏

创业教育的课程设置应该是建立在多种学科交叉融合的基础上的，对学生实现多元化全面性的教育教学。据统计，截至 1995 年，开设创业课程的美国大学已超过 400 所，其中 50 % 以上开设并提供了至少 4 门创业方面的课程。除了美国，还有 26 个国家也开展了类似的教育。目前我国的创业教育主要是通过开设选修课、系列讲座及校园文化活动等方式实施的，课程开设方式多样化，却唯独没有属于创业教育的专门课程，缺乏专门课程的创业教育只能维系浅层的教育需求，其内涵与内容无法真正体现，导致创业教育的开展收效甚微。此外，创业教育游离在学校整体教学体系之外，没有在整体架构的框架内实现与专业教育的有效对接，表面上学生既对学科专业知识进行学习，又接受了创业教育，但两者没有碰撞与交集，学生无法通过创业素质的提升发挥学科专业教育的优势。尤为值得重视的是，目前高职院校创业教育的开展大多泛泛而谈，没有围绕高职院校的特点展开，也缺乏地方本土特色，创业教育开展形式单一。例如：开设讲座可以加深学生对创业教育的了解，但缺乏持久性；创业竞赛等活动可以提高学生的创业热情，但学生参与人数太少；创业实践基地的体验可以增强学生的创业能力，但实践基地开发建设难度大，暂时无法满足大多数学生的需求。这些都直接影响了创业教育的实际效果。

3. 创新创业教育师资力量欠缺

在我国，由于创新创业教育还处于刚刚起步、发展的初始时期，创新创业教育迫切需要大批具有专业水平的创新创业型师资队伍，因为这类高水平创业型师资队伍是顺利开展和实施创新创业教育的关键和基本保障。目前，从高校整体教师队伍上看，高职教师队伍建设在数量上基本适应高等教育快速发展需求，但"双师型"教师人才匮乏。创新创业教育对教师的综合素质要求较高，任何一种教育都只有以强有力的师资队伍为先决条件，才能够顺利开展并收获可喜的成果。这就需要大批既具有一定专业知识，又具备较高的跨学科的综合知识和创业实践技术能力的专业师资。然而目前在高校担当此教学任务的大部分教师，创新创业知识不够完善，缺少足够的创业经验。此外，专门从事创新创业教育的师资队伍也十分稀缺。现有的师资力量一类是由于工作需要从其他教学岗位半路出家，转岗过来的教师；另一类是从事学生就业指导工作的教师。而这些教师大多缺乏创业作战的经验，甚至没有在企业的就业、创业的经历，尽管他们有较高的学历、较高的理论水平，但他们会不自觉地把创新创业教育变成"纯粹的学术化课程"。

各类院校从事创新创业教育的教师，主要由就业指导教师兼任，或者由社科部的教师、团委教师及主管学生工作的副书记兼职，根本没有专职从事创新创业教育的教师。这些教师都是通过短期的相关培训和自学从事此教学工作的，缺少创新创业经历、企业工作经历，缺少满足创新创业教育教学所需的思维知识结构，毫无疑问的是他们根本无法将创新创业教育内容和学生的专业内容结合起来。这些教师主要讲一些就业指导课程，包括国家当前的就业创业政策、职业生涯规划及应聘过程中的面试技巧等。一些教师对学生们的指导同样也存在形式主义，致使出现创业与创新教学分离、创新创业教学与创新创业活动分离、创新创业教育与专业教育分离等情况。他们没有对学生进行更专业、更深入、更系统的实训、实践指导工作，难以完成授课保证。

师资匮乏问题已经成为高校创新创业教育更快更好发展的瓶颈。创新创业教育的师资质量不仅影响高校学生自主创业的能力，还无形中加重了毕业生的就业压力，阻碍了学生们的健康成长。

4. 缺乏科学的创业教育评价体系

创新创业教育评价是对大学生的创新创业意识、思维、精神和技能培养的提升程度，对教育的结果是否符合预期，对社会价值的实现程度等方面做出客观判断的过程，是高校顺利实施创新创业教育的重要部分。

创新创业教育本身又有较强的实践性，由于各学校在培养目标、教育级别等层面各有区别，在教育过程中经费的匮乏，会直接导致创新创业教育基地建设的不到位，其教育评价也只会停滞在传统方式的考试、考核的层面上。然而，这种考试形式已不适应创新创业教育的评价需要，创新创业教育如果没有最终的评价结果，也就自然不会出现最初的创新创业激情，而过程中的毅力与执着也会因此一触即溃。由此可见，创新创业教育具有成本高、实践性强、成效滞后的特质。只有重视口试、笔试、实际操作，创建多元化、灵活性强的科学评价反馈机制，同时将创业计划书、企业单位调查报告等方式作为评价内容，成立专门的考试考查管理机构，对企业、教师、学生等进行考评，才能对学生的创新创业综合能力给出合理、准确的判断和客观全面的评价。评价不仅要侧重学生对理论知识的掌握和记忆，而且还应重视学生作为创新创业教育客体的能力和素质等各方面的综合评价。只有这样才能提高学校和学生们进行创新创业教育的积极性，才能使学生们在充满创新创业教育氛围与空间中，自主、宽松、真实地进取和成长。

这种创新的考试、考核方式，具有实效性、多样性的创新创业教育质量评价机制。首先，可以依据评价资料的反馈情况改进与优化创新创业教育；其次，可以客观地评价创新创业教育的本身；最后，能使教育在实践和评价过程中不断改进提高。从而能真正避免教育资源的浪费、教育功能上的重叠和避免过度形式上的评价，使学生们对创新创业教育结果有正确、合理的预期，进而真实客观考核自己的综合素质和能力。

二、新时期创新创业人才培养目标的定位

人才培养目标决定着一种教育的性质，也决定着该类教育改革与发展的方向。我国高职教育作为一种高等教育类型已被社会广泛认可，其类型属性

的决定因素就是人才培养目标。进入21世纪，我国高等职业教育受国家政治、经济政策发展的影响得到了相应的迅速发展，进行得如火如荼，高等职业教育在发展中逐渐呈现出内涵式发展的倾向。面对社会经济发展的新形势与新要求，为了充分发挥高等职业教育在社会人才培养方面的作用和价值，《国务院办公厅关于深化高等学校创新创业教育改革的实施意见》对高职教育创新创业教育的发展目标给出了明确的定位。

（一）高职人才培养的总体要求

高等职业院校要全面贯彻党的教育方针，落实立德树人的根本任务，坚持创新引领创业、创业带动就业，主动适应经济发展新常态，以推进素质教育为主题，以提高人才培养质量为核心，以创新人才培养机制为重点，以完善条件和政策保障为支撑，促进高等教育与科技、经济、社会紧密结合，加快培养规模宏大、富有创新精神、勇于投身实践的创新创业人才队伍，不断提高高等教育对稳增长促改革调结构惠民生的贡献度，为建设创新型国家、实现"两个一百年"奋斗目标和中华民族伟大复兴的中国梦提供强大的人才智力支撑。具体要求如下：

1. 坚持育人为本，提高培养质量

把深化高校创新创业教育改革作为推进高等教育综合改革的突破口，树立先进的创新创业教育理念，面向全体、分类施教、结合专业、强化实践，促进学生全面发展，提升人力资本素质，努力造就大众创业、万众创新的生力军。

2. 坚持问题导向，补齐培养短板

把解决高校创新创业教育存在的突出问题作为深化高校创新创业教育改革的着力点，融入人才培养体系，丰富课程、创新教法、强化师资、改进帮扶，推进教学、科研、实践紧密结合，突破人才培养薄弱环节，增强学生的创新精神、创业意识和创新创业能力。

3. 坚持协同推进，汇聚培养合力

把完善高校创新创业教育体制机制作为深化高校创新创业教育改革的

支撑点，集聚创新创业教育要素与资源，统一领导、齐抓共管、开放合作、全员参与，形成全社会关心支持创新创业教育和学生创新创业的良好生态环境。

（二）新时期高职创新创业人才培养的目标任务

高职院校从 2015 年起全面深化高校创新创业教育改革。2017 年取得重要进展，形成科学先进、广泛认同、具有中国特色的创新创业教育理念，形成一批可复制、可推广的制度成果，普及创新创业教育，实现新一轮大学生创业引领计划预期目标。建立健全课堂教学、自主学习、结合实践、指导帮扶、文化引领融为一体的高校创新创业教育体系，人才培养质量显著提升，学生的创新精神、创业意识和创新创业能力明显增强，投身创业实践的学生显著增加。具体目标如下：

1. 完善人才培养质量标准

制定实施本科专业类教学质量国家标准，修订实施高职高专专业教学标准和博士、硕士学位基本要求，明确本科、高职高专、研究生创新创业教育目标要求，使创新精神、创业意识和创新创业能力成为评价人才培养质量的重要指标。相关部门、科研院所、行业企业要制定、修订专业人才评价标准，细化创新创业素质能力要求。不同层次、类型、区域高校要结合办学定位、服务面向和创新创业教育目标要求，制定专业教学质量标准，修订人才培养方案。

2. 创新人才培养机制

实施高校毕业生就业和重点产业人才供需年度报告制度，完善学科专业预警、退出管理办法，探索建立需求导向的学科专业结构和创业就业导向的人才培养类型结构调整新机制，促进人才培养与经济社会发展、创业就业需求紧密对接。深入实施系列"卓越计划"、科教结合协同育人行动计划等，多形式举办创新创业教育实验班，探索建立校校、校企、校地、校所及国际合作的协同育人新机制，积极吸引社会资源和国外优质教育资源投入创新创业人才培养。高校要打通一级学科或专业下相近学科专业的基础课程，开设跨学科专业的交叉课程，探索建立跨院系、跨学科、跨专业交叉培养创新创业人才的新机制，促进人才培养由学科专业单一型向多学科融合型转变。

3. 健全创新创业教育课程体系

各高校要根据人才培养定位和创新创业教育目标要求，促进专业教育与创新创业教育有机融合，调整专业课程设置，挖掘和充实各类专业课程的创新创业教育资源，在传授专业知识的过程中加强创新创业教育。面向全体学生开发开设研究方法、学科前沿、创业基础、就业创业指导等方面的必修课和选修课，纳入学分管理，建设依次递进、有机衔接、科学合理的创新创业教育专门课程群。各地区、各高校要加快创新创业教育优质课程信息化建设，推出一批资源共享的慕课、视频公开课等在线开放课程。建立在线开放课程学习认证和学分认定制度。组织学科带头人、行业企业优秀人才，联合编写具有科学性、先进性、适用性的创新创业教育重点教材。

4. 改革教学方法和考核方式

各高校要广泛开展启发式、讨论式、参与式教学，扩大小班化教学覆盖面，推动教师把国际前沿学术发展、最新研究成果和实践经验融入课堂教学，注重培养学生的批判性和创造性思维，激发创新创业灵感。运用大数据技术，掌握不同学生的学习需求和规律，为学生自主学习提供更加丰富多样的教育资源。改革考试考核内容和方式，注重考查学生运用知识分析、解决问题的能力，探索非标准答案考试，破除"高分低能"积弊。

5. 强化创新创业实践

各高校要加强对专业实验室、虚拟仿真实验室、创业实验室和训练中心的建设，促进实验教学平台共享。各地区、各高校科技创新资源原则上应向全体在校学生开放，开放情况纳入各类研究基地、重点实验室、科技园评估标准。鼓励各地区、各高校充分利用各种资源建设大学科技园、大学生创业园、创业孵化基地和小微企业创业基地，并将其作为创业教育实践平台；建好一批大学生校外实践教育基地、创业示范基地、科技创业实习基地和职业院校实训基地。完善国家、地方、高校三级创新创业实训教学体系，深入实施大学生创新创业训练计划，扩大覆盖面，促进项目落地转化。举办全国大学生创新创业大赛，办好全国职业院校技能大赛，支持举办各类科技创新、创意设计、创业计划等专题竞赛。支持高校学生成立创新创业协会、创业俱乐部等社团，举办创新创业讲座论坛，开展创新创业实践。

6. 改革教学和学籍管理制度

各高校要设置合理的创新创业学分，建立创新创业学分积累与转换制度，探索将学生开展创新实验、发表论文、获得专利和自主创业等情况折算为学分，将学生参与课题研究、项目实验等活动认定为课堂学习。为有意愿有潜质的学生制订创新创业能力培养计划，建立创新创业档案和成绩单，客观记录并量化评价学生开展创新创业活动情况。优先支持参与创新创业的学生转入相关专业学习。实施弹性学制，放宽学生修业年限，允许调整学业进程、保留学籍休学创新创业。设立创新创业奖学金，并在现有相关评优评先项目中拿出一定比例用于表彰优秀创新创业的学生。

7. 加强教师创新创业教育教学能力建设

各地区、各高校要明确全体教师的创新创业教育责任，完善专业技术职务评聘和绩效考核标准，加强创新创业教育的考核评价。配齐配强创新创业教育与创业就业指导专职教师队伍，并建立定期考核、淘汰制度。聘请知名科学家、创业成功者、企业家、风险投资人等各行各业优秀人才，担任专业课、创新创业课的授课或指导教师，并制定兼职教师管理规范，形成全国万名优秀创新创业导师人才库。将提高高校教师创新创业教育的意识和能力作为岗前培训、课程轮训、骨干研修的重要内容，建立相关专业教师、创新创业教育专职教师到行业企业挂职锻炼制度。加快完善高校科技成果处置和收益分配机制，支持教师以对外转让、合作转化、作价入股、自主创业等形式将科技成果产业化，并鼓励带领学生创新创业。

8. 改进学生创业指导服务

各地区、各高校要建立健全学生创业指导服务专门机构，做到"机构、人员、场地、经费"四到位，对自主创业学生实行持续帮扶、全程指导、一站式服务。健全持续化信息服务制度，完善全国大学生创业服务网功能，建立地方、高校两级信息服务平台，为学生实时提供国家政策、市场动向等信息，并做好创业项目对接、知识产权交易等服务。各地区、各有关部门要积极落实高校学生创业培训政策，研发适合学生特点的创业培训课程，建设网络培训平台。鼓励高校自主编制专项培训计划，或与有条件的教育培训机构、行业协会、群团组织、企业联合开发创业培训项目。各地区和具备条件的行业协会要针对区域需求、行业发展，发布创业项目指南，引导高校学生识别创业机会、捕捉创业商机。

9. 完善创新创业资金支持和政策保障体系

各地区、各有关部门要整合发展财政和社会资金，支持高校学生创新创业活动。各高校要优化经费支出结构，多渠道统筹安排资金，支持创新创业教育教学，资助学生创新创业项目。部委属高校应按规定使用中央高校基本科研业务费，积极支持品学兼优且具有较强科研潜质的在校学生开展创新科研工作。中国教育发展基金会设立大学生创新创业教育奖励基金，用于奖励对创新创业教育做出贡献的单位。鼓励社会组织、公益团体、企事业单位和个人设立大学生创业风险基金，以多种形式向自主创业大学生提供资金支持，提高扶持资金使用效益。深入实施新一轮大学生创业引领计划，落实各项扶持政策和服务措施，重点支持大学生到新兴产业创业。有关部门要加快制定有利于互联网创业的扶持政策。

（三）新时期高职人才培养方案的修订

按照国务院、教育部对高职院校人才培养的总体要求和高职人才培养的目标任务，各高职院校的人才培养方案要进行相应的修订。人才培养方案是专业人才培养目标、基本规格及培养过程、内容和方式的总体规划，是衡量学生在校期间完成全部学业后是否达到培养规格的重要标准，是高职院校人才培养、组织教学过程、安排教学任务的基本依据。为了实现培养生产、建设、服务、管理第一线的高级技术技能型人才的目的，高职学院人才培养方案要把创新创业的精神贯彻到人才培养方案中，紧紧围绕国家、教育部的文件对高职院校人才培养方案进行修订。

1. 人才培养方案的指导思想

高职院校要围绕培养学生创新创业的职业能力、就业竞争力和促进职业发展的核心目标，践行高职院校办学理念，形成知识、能力与素质协调发展的人才培养格局，将学生就业竞争力与发展潜力培养融为一体、教学工作与学生工作融为一体、职业素质养成与职业能力培养融为一体、课外与课内培养融为一体，立德树人，以服务为宗旨，以就业为导向，以提高质量为核心，以增强特色为重点，构建充分体现高职办学特色并具有一定优势的人才培养方案和课程体系，在"校企融合、工学结合"发展道路上培养出创新创业的"高素质技术技能型人才"。

高职专业人才培养方案要体现高职院校办学的指导思想，要符合高职的办学定位和人才培养目标，立足于培养理论基础够用、实践能力较强、具有创新创业精神的高素质技术技能型人才；要突出应用性和针对性，以适应社会需求为目标，以培养技术应用、实践能力为主线，同时要强化综合素质教育，全面提高学生的思想道德素质、文化素质、专业素质和身体心理素质。

（1）培养适应区域发展的创新创业人才

高职人才培养要适应社会经济的发展，尤其是区域和地方经济发展的需要。因此，要进行充分的社会调查，注重研究分析经济建设和社会发展出现的新情况、新特点，特别要关注市场经济和专业领域技术发展态势，注重与区域和地方发展相适应，并结合高职实际情况，使高职制定的专业人才培养方案具有鲜明的地方、行业特色。

（2）培养全面发展的创新创业人才

高职要坚持学生德、智、体、美等方面全面发展，必须全面贯彻国家教育方针，正确处理好德育与智力、理论与实践的关系，注重全面提高学生的综合素质，切实保证培养目标的实现。

（3）培养高素质的创新创业人才

高职要依照职业院校的发展目标，树立"德才兼备、技艺双全"的办学理念，培养有知识、有技能的高素质创新创业人才。

（4）培养学生的实践能力

高职要加强学生的实践教学环节，做到理论与实践、知识传授与能力培养相结合，并使创新创业能力培养贯串教学全过程。

（5）贯彻产学研结合的思想

高职在专业人才培养方案的制定和实施过程中应主动争取企业的参与，充分利用社会资源，共同制定和实施专业人才培养方案。专业人才培养方案的各个教学环节既要符合教学规律，又要根据企业或行业的实际工作特点妥善安排。

（6）推进高职的"双证"教育

高职要鼓励大学生在校期间在获得毕业证书的同时，取得各种职业资格证书。同时，专业课程可以和职业资格证书培训进行课程置换。

（7）加强高职课程的改革

高职要按照行动过程导向，借鉴学习领域、情境教学理念，结合专业特点，开发符合职业教育规律的、有特色的学生培养方案。

2．人才培养方案制定的基本原则

（1）按照地方政府的要求和区域需求确定人才培养目标和规格

高职要按照地方政府的要求和区域需求，将区域发展和市场需求作为人才培养的落脚点。要贴近人才需求市场，深入开展专业调研，分析专业面向的就业岗位环境、岗位职责、工作内容、岗位所需能力、任职资格等，努力挖掘专业人才培养方案与职业岗位需求之间的结合点，合理确定各专业人才培养目标及规格。

（2）校企合作改革人才培养模式

校企合作是培养适应市场需求的高素质技术技能型人才的关键。在专业人才培养方案制定与实施的过程中，要充分发挥行业、企业专家和专业指导委员会的作用，以校企合作为平台，鼓励推动"校企融合、工学结合"的人才培养模式在实习实训基地建设、课程建设、教材建设和队伍建设中的落实。在完成主干课程教学的基础上，根据企业的用人需求，合理调整教学进程。要把课堂延伸到企业，聘请企业技术人员承担专业教学任务，将企业的工艺、规范和文化融入教育教学。

（3）依据自身特点合理构建专业课程体系

各专业可依据各自特点，选择相对成熟的模式设计各自的课程体系。就业岗位成熟稳定，任职条件强调专业技能，职业标准相对规范，以培养技能为职业能力核心的专业可以基于工作过程设计课程体系；就业岗位波动变化大，任职条件强调素质，以培养能力素质为职业能力核心的专业可以选择能力本位教育的课程体系设计；专业对应岗位分布跨度大，一部分岗位需求强调技能、一部分强调素质的专业可以采用基于工作过程的模块课程体系和能力本位教育的模块课程体系。各专业要在课程设计与实施上实现职业能力和职业素质培养的有机结合，按照认知规律、职业成长规律和职教理念构建课程体系。

同时，要加强公共基础课与专业课间的相互融通和配合，专业拓展课程内容要跟踪行业发展动态，综合拓展选修课程应实行学院和二级学院相结合的设置方式，保证学生既可以深化职业类课程，又可以选修专业外课程，以促进学生文化素质、科学素养、综合职业能力和可持续发展能力的培养。

（4）统筹安排，深入推进教学方法改革

高职应以课程开发和建设的思路管理主要教育教学活动，将课外与课内培养融为一体。入学教育、校内集中实训、校外顶岗实习、社会实践活动等应作为课程来建设、实施和管理，纳入人才培养方案教学进程安排。各专业人才培养方案应在统一规范的基础上，充分体现专业建设、人才培养模式改革、教育教学改革、制度保障等方面的特色，科学合理安排课内、课外学时，组织教学活动。要积极推行"双证书"制度，将相关课程考试考核与职业技能鉴定合并进行。要积极推广项目教学、案例教学、情景教学、工作过程导向教学，广泛运用启发式、探究式、讨论式、参与式教学，充分激发学生的学习兴趣和积极性。

（5）立德树人，引导学生健康成才

高职要遵循教育教学和人才成长的基本规律，从成人成才的角度，立德树人，引导学生自主学习、合作学习、探究学习，增强学生身心健康和自我调控能力，使学生在知识、能力、素质方面获得系统发展，具有良好的职业道德、职业能力和创新创业精神及可持续发展的素质，能适应社会、经济发展和现代化建设的需要。

（6）完善教学质量管理体系

高职要严格执行国家制定的教学文件，适应生源和培养模式改革的新特点，完善教学管理机制。要加强教学组织建设，健全教学管理机构，发挥行业企业深度参与的专业教学指导委员会的作用。按照"标准、评价、反馈、调控"四位一体的教学质量管理体系，对教学质量实施管理与监控。将学生的职业道德、职业素养、技术技能水平、就业质量和创业能力作为衡量专业教学质量的重要指标。

（7）推进专业建设不断发展

良好的办学条件是专业建设发展的基础。各专业要根据学院和专业建设发展规划，积极加强校内外实习实训基地建设，依靠校企深度合作，夯实各专业办学基础。要进一步加强师资队伍建设，构建以高水平专业带头人、骨干专任教师和企业兼职的能工巧匠、管理与技术人员为主，专兼结合的教师队伍。高职院校省级以上重点专业要勇于改革创新，发挥示范、引领作用，在校企深度合作、人才培养模式改革、办学水平和人才培养质量、服务社会等方面带领相关专业不断发展。

第六章　高等职业教育课程改革研究

第一节　高等职业教育课程改革概述

一、课程与高等职业教育课程

（一）课程

课程是一种培养人的总体设计方案。从狭义上讲，课程是指遵照教育目标指导学生进行的学习活动，并按预定的教育目标编制教学内容，它主要体现在教学计划、教学大纲和教科书上。从广义上说，课程是指学生在学校获得的全部经验，包括有目的、有计划的学科设置，以及教学活动、教学进程、课外活动、学校环境和氛围的影响。也就是说，广义的课程除了学校的课程表所表示的正式课程，还包括学生的课外活动及整个学校生活中潜移默化的校园文化等非制度层面，不仅包含书本的知识内容，还包括对学生课内外的各种活动所做出的明确安排。

因此，课程不仅包括学科，还包括各种活动等其他内容。课程也不只是教学内容本身，还有对教学内容的安排及实现进程等的规定。课程更不等于教学计划、教学大纲和教材，与"学科""教学内容""教学计划""教学大纲""教科书或教材"等概念相比，课程是一个较为广泛的概念。

（二）高等职业教育课程

根据上述定义，我们可以这样理解高等职业教育课程：从广义上说，它是高职院校按照一定的教学目的构建的各学科和各种教育、教学活动；从狭义上讲，它是高职院校遵照某种教育目标指导学生进行的学习活动，并按预定的教育目标编制教育内容。课程可分成课程生存系统、课程实施系统和课程评价系统。在当前高等职业教育发展与改革的过程中，课程建设与课程改革是高等职业教育模式的核心内容，不同的高等职业教育模式在课程模式方面必然有所区别。

（三）现代高职课程基本构成

现代高职课程由告知性课程、识记性课程、操作性课程三类不同性质的课程多元整合组成。

告知性课程是指与专业相关的一些基础学科与周边学科知识，它既与专业的知识或技能有一定的联系，又是相对独立的学科。将这样一些课程内容告知学生，目的在于开阔学生的视野，拓展学生的思维空间，扩大学生的知识面。不少告知性课程所授的知识可以通过大众媒体学习，关键在于教师需提供相应信息。告知性课程包括选修课程和素质教育隐性课程。

识记性课程是指通过学习能为学生奠定必备的文化知识和专业基础知识的课程。高等职业教育的根本任务就是培养专门人才，而专门人才首先必须具有比较厚实的专业理论知识，并在此基础上获取专业所必须具备的技能和相关能力。识记性课程大多数涵盖的是某一专业的基础知识，如专业学习必须熟记的法规、规范、条文、定律、公式及工作程序，如果学生不牢牢掌握，将导致其专业基本常识的缺乏，更谈不上专业能力及其运用。

操作性课程是指那些必须落实在实际操作应用方面的课程。应用型人才是高等职业院校的培养目标，它必须通过学生熟练掌握职业岗位（群）所具备的能力与技能来实现，而这是操作性课程的主要任务。操作性课程是高等职业教学区别于一般院校教学的特色之一，应用型人才的培养要靠这一层面课程的教学与实训落实。此类课程除了在学校实训与企业实习外，公共技能训练中心也可以提供大量现代仿真技术训练。

（四）现代高职课程的基本特征

1. 高等性

高等职业教育属于高等教育范围，故其课程不仅应具有高等教育相应的课程特征，更要有适应时代特征的素质教育内容，从而培养出拥有高等教育气质、人格和创新思维能力的高素质人才。

2. 职业性

高等职业教育是职业教育，因此其课程的安排和实施都必须以某一职业的培养为目标，并为这一培养目标服务，努力使学生通过相应课程的学习具备相应的职业能力，获得对应的职业资格。

3. 能力性

高职的培养方向主要面向基层、面向生产服务的第一线，主要目标是培养实用型、应用型人才。这就要求高职课程结构要突出实际应用能力，以特定的能力要求作为教学目标，使其课程体系注重职业能力的培养。这种课程体系更具有针对性、应用性和实践性，它不是按学科体系而是按照职业能力要求确定的。

4. 实践性

根据培养目标，高等职业教育必然重视实践课程的教学，高等职业教育的实践课程包括实验、实训、实习和设计等。高职课程也需具有一定的理论性，但是其所要求的专业理论是为职业能力的培养服务的，理论知识以"必需、够用和实用"为原则，为职业能力的培养提供必要的理论支持。

5. 综合性

高等职业教育培养的是现代高技能人才，高职学校绝非一般意义上的职业培训场所，它关注的是学生职业能力的培养，故而高等职业教育课程内容应体现出综合性。培养学生综合的职业能力，这是现代高职课程与传统高职课程最大的区别。

二、高等职业课程目标的来源

要思考高等职业教育课程改革目标，必须研究高职课程目标的来源，这是其理论准备和逻辑起点。高职课程目标的基本来源包括三个方面，即学习者的需要、社会经济生活的需要和学科与专业的发展。这也是高职课程开发的三个基本维度。

（一）将学习者的需要作为课程目标的基本来源

将学生的需要作为课程目标的基本来源一直是课程理论的一种显性观点。对高职课程来说，关注学习者的需要，并不意味着一种简单的特长教育，它已经超越了这一点，也并不意味着课程能够满足所有学习者的各式各样的需要。高职课程要做到满足学生的需要，一条可能的实现途径就是吸纳学生进入课程开发过程，使学生本身成为课程的有机组成部分，对学生的生活史、文化背景、知识经验、发展需要等予以充分的关注，甚至把学生看成知识与文化的创造者。在主体性高扬的时代，高职课程的个性化与人性化的呼声越来越高，这是发展的大趋势。

（二）将社会经济生活的需要作为课程目标的基本来源

随着教育的财富理论逐渐成为现代社会的主流，教育被看成一个关涉国家现代化的重大问题，被看成一个能有效增加社会智力资本的庞大产业，与物质财富的积累与经济指数的增长直接相关。与此同时，职业技术教育在很多国家成为经济发展的秘密武器，发展职业教育已经成了一种国家行为。在此背景下，社会经济生活的需要就必然成为高职课程关注的中心，高职开始探索课程现代化之路。目前，国家主流政策更加把社会经济生活纳入高职课程开发的重要维度，甚至高等职业教育正在成为社会经济生活中不可缺失的部分。对现实中的科学、技术、经济等具体问题的热切关注与处理，无疑是高职课程生命力之所在。

（三）将学科与专业的发展作为课程目标的基本来源

专业领域最新的研究成果与操作技法一直是高职课程目标中最为活跃的因素。与一定的职业岗位相关的专业知识与专业技能是高职院校学生进入社会生活的先决条件，能赋予学生一种实践的力量，使学生的行为更加富有理性。同时，专业素养与学科能力也一直被看作是高职学生素质结构中的重要组成部分。

三、高等职业教育课程改革目标

从概念上讲，我国的高等职业教育包含"高等教育"和"职业教育"两层含义。高职的"高等教育"性质决定了高职课程应具有高等教育性。也就是说，高职教育课程应具有高等教育课程的共性特征，通过课程的学习，学生应达到高等教育的培养目标。同时，高职教育的职业教育性也要求其课程必须较完整地反映职业教育的要求。因此，高职教育课程改革必须研究高职课程的层次定位，必须探寻"高等教育"和"职业教育"的准确的切合点和交融点。

在高职课程改革研究中，其目标定位是最基础最重要的，它直接关系到课程结构、专业口径、人才培养目标乃至教育方法实施等问题。应当说，课程改革的目标定位与高等职业教育培养目标是吻合的。由于在高等职业教育的培养目标上，目前已基本形成了一致认识，即培养生产、建设、管理、服务第一线需要的高等技术应用型人才，这是一种能直接上岗的技术型人才，就是俗称的"专才"。因此，高职课程改革的目标也就定位在专门性与实用性上。这种专才教育对把握高等职业教育而言具有较强的针对性，也具备一定的操作性。但在当今社会更开放、发展更迅速的情形下，我们不难发现这种目标定位呈现出极大的局限性。首先，从不断发展的社会需求看，这种目标下培养出的"专才"极有可能面临就业难和转岗难的问题。在市场经济条件下，人才流动是通过市场调节的合理配置实现的，竞争就业和双向选择是人才市场的基本法则。一个知识面狭窄、技能单一的人，即使有较强的专业知识，但因其缺乏专业间的横向渗透和伸张能力，在竞争中也难以占据有利位置。其次，知识经济日渐凸显，高科技促使传统的经济结构、产业结构、产品结构发生重大变革，技术含量日益提升，产业岗位轮换频繁。越来越快的岗位变动和职业流动，需要从业者对不同岗位有更强的适应性，进而需要教育不仅要有结构性的对接，更应有功能的整合。如果高等职业教育的课程体系在多样多变的社会需求面前无动于衷或束手无策的话，那么高等职业教育本身的生存发展空间就会逐渐萎缩。

因此，高等职业教育只有直接有效地介入并服务于经济社会，实现与经济社会的最大限度的协调，才能保持持久的活力。在课程改革目标的选择上，不仅要有助于学生树立符合市场机制的就业观念，增强学生的就业素质，同时也不能浪费教育资源。要通过课程体系改革，使学生既有较强的实践能力，又有较强的就业弹性和广泛的适应性。

联合国教科文组织于 2015 年 11 月 3 日至 18 日在巴黎举行的第三十八届会议，通过了《关于职业技术教育与培训的建议书》，指出："成员国应根据自身的具体情况，制定职业技术教育与培训相关政策，这些政策应与广泛的政策领域相一致；建立一个全面的终生学习框架；提升职业技术教育与培训的公众形象及吸引力；酌情扩大其教育和培训体系内的中等、中等后和高等职业技术教育与培训；发展各种途径，方便中等、中等后和高等教育之间的过渡；扩大成人学习者的参与。"

因此，我们在高职课程改革目标定位上，应充分考虑受教育者多次就业、转岗的需要，坚持"宽基础、多方向、强技能"的原则。当然这种"通才"目标也并非要求面面俱到，它只是相对于"专才"教育面过窄、学科划分过细、课程设置过于单一的状况而言的，是一种在特定领域内的"通才"。通过这一目标，学生可以"以一技之长为主，兼顾多种能力"，既掌握一类职业岗位共同的专业理论，又能在这些专业基础理论上让已形成的能力在相应职业岗位范围内进行转移，从而达到上岗无须过渡、转岗不必培训的目的。

因此，当前高职教育的课程体系改革应改变传统的"学科本位"课程观，朝"多元整合型"方向发展，形成一种"多元整合"的课程观。

（1）突出专业课程的职业定向性，将职业能力作为配置课程的基础，使学生获得的知识、技能能真正满足职业岗位的需求。

（2）注重人文与技术科学的结合。基础理论以应用为目的，以必需、够用为度，以掌握概念、强化应用为重点；专业知识强调针对性和实用性，培养学生综合运用知识和技能的能力。

（3）强化学生职业能力训练，综合开发学生的职业能力。强化学生创新能力的培养，提高学生就业上岗和职业变化的适应能力，实现"双证书"制度。

（4）增强课程的灵活性，形成模块化、弹性化的课程体系，适应行业和社会对应用人才规格多变的需求。

（5）职业岗位课程和人文素养课程要有机整合，培养和谐职业人。

第二节　高等职业教育课程改革的理念与价值取向

一、高等职业教育课程改革理念

（一）以市场为导向的职业教育课程改革的理念

高职教育课程必须主动适应市场经济的需求，改变过去以学科为导向设置课程的传统理念，树立以市场经济为导向的高职教育课程改革的新理念。

高等职业教育的课程改革要紧扣经济发展的基本状况及其发展趋势，要研究人才市场和职业市场的变化，深入分析经济、社会对职业人才培养的数量、规格等方面的客观要求，准确把握高职课程建设的大方向。也就是说，高职课程改革必须以就业市场需求分析为先导，将就业市场需求分析获得的信息作为课程改革的基本依据，市场需求发生变化，与课程相关的要素和教育行动也要随之进行调整，使高职课程改革处于科学的动态过程中，形成高等职业教育课程改革的良性机制。

（二）以素质为本位的职业教育课程改革的理念

职业教育课程改革的理念在 20 世纪经历了两个大的阶段，即"技能本位"阶段和"能力本位"阶段。"技能本位"的理念强调职业教育的课程要与某种或某些具体的职业紧密结合，要使学生掌握从事职业工作的具体技能，为学生的就业服务。而"能力本位"的理念强调职业教育的课程要培养学生适应职业变化、就业变动、劳动力流动的能力。前一种理念盛行于 20 世纪五六十年代，后一种理念盛行于 20 世纪末期。从"技能本位"到"能力本位"

的转变，反映了职业教育课程改革随着经济、科技与社会的发展而不断革新、不断与时俱进的规律。

进入 21 世纪，职业教育课程的理念再一次发生了新的变革，由"能力本位"转向"素质本位"，这是在知识经济、全球化背景下产生的一种新变革。"素质本位"的课程理念强调职业教育课程改革在理念上要突破或超越技能、能力的局限，转变为全面提高学生的职业素质，包括科学素质、人文素质、劳动素质和生活素质等，使学生逐步成为全面发展的人。这样的人不仅会工作，而且会生活，不仅有科学素质，而且有理解人、关心人、爱护生命、保护环境、充满人性的人文素质，不仅善于适应职业变化，有能力做好工作，而且具有责任心、快乐感、信任感和幸福感，是一个文明快乐的人。所以在职业教育课程改革实践中，要做到在课程门类上使科学、技术课程与人文课程结合，文理结合，在课程内容结构上使科学技术知识体系与人文价值体系相结合，充分体现统一性。

（三）学生为主体的高等职业教育课程改革理念

现实中的高等职业教育课程明显存在着以教师为主体的理念，学生在课程中的主体地位体现得不充分，致使学生只是被动地适应课程、吸纳课程，缺乏主动性、积极性和创造性。所以，要改变职业教育课程中学生被动的局面，使其充满情趣和活力，就必须坚持学生为主体的课程理念。

以学生为主体的课程理念应注重如下三个方面。第一，吸收学生参加课程改革的决策与设计，使课程改革队伍由现在的用人单位代表、培养人代表（教师等）、管理者代表（行政部门）三结合变为四结合，即加上学生代表。学生代表要参与课程改革的决策过程和设计过程。第二，在课程的编制与使用过程中，发挥学生的主体作用，让学生参与课程内容编制的具体过程。在课程编制后，对于课程结构与形式的选择，也要听取学生的意见，以适应其需求和特点。第三，在课程计划的实施过程中，要充分发挥学生的主体作用，使学生具有选修课程的权利。这三个方面构成了学生主体课程理念的基本内容，都应在课程改革中体现和落实。

（四）以探究与实践为课程实施形式的高职课程改革理念

传统的高等职业教育课程在形式上主要表现为知识的体系和技能的体系。这种形式的授课方式主要是教师讲授，学生接受，再加一些操作练习或实习。这种课程形式使职业教育脱离职业发展的实际，学生虽然掌握了一大堆知识，但是不会探究，不会操作应用，只会动口不会动手，这样很难适应真正意义上的职业生活。

探究是一种探索，是发现问题、分析问题、解决问题的过程。探究学习作为课程实施的一种形式，以引发学生探究活动的原理、方式、方法为理论指导，以学生发现问题为学习开端，以分析问题、解决问题为具体学习过程，以产生更高水平的新问题为契机开启后一阶段的学习，由此形成学习过程的完整的循环闭合系统。在这一系统中，问题是核心，探究是有代表性的学习行为特征。实践则是一种学生动手与动脑相结合，运用知识于实际，或从实际中发现、发展知识的活动。学生可以通过实践将学与用完满地统一起来。高等职业教育课程在内容与实施形式上应强化实践环节，这是高等职业教育课程改革的重要理念，也是高等职业教育的本质要求。

（五）以终身学习为导向的职业教育课程改革理念

终身学习是世界教育改革与发展的一大趋势，更是高等职业教育课程改革的重要方向。终身学习理念与职业岗位的具体要求在表面上没有必然的联系，也就是说，它与职业技能、职业能力间不存在直接的关系，它们分属于不同的素养层次。良好的职业岗位能力能使劳动者适应目前具体岗位的要求，可以带动劳动者在工作过程中更加规范和高效率。但从职业生活、职业生涯发展等更高层面上审视，熟练的职业技能并不能保证职业生涯的可持续发展。在现代社会中，任何生产流程、工作程序都随着科技进步在不断变化，要不断提高劳动者的职业适应性，必须坚持终身学习的理念。高职教育课程改革要坚持终身学习的理念，就必须在培养学生知识、能力、全面素质的过程中，重视学生对科学学习方法的掌握程度，使学生学会学习，能够终身自主学习、不断进步和发展。这就要求在课程中更多地充实有关学习方法、学习策略、学习习惯等内容。

二、高等职业教育课程目标的价值取向

高等职业教育课程目标的价值取向反映了高等职业教育的本质特征和内在要求，蕴含着高等职业教育的人才规格和质量标准。只有对高等职业教育课程目标的价值取向进行科学、合理的定位，才能增强反省意识，提高制定高等职业教育课程目标的自觉性与自主性。

高等职业教育课程目标的价值取向，大致可分为"行为目标"取向、"生成性目标"取向及"表现性目标"取向三种形式。高等职业教育培养的是生产、建设、服务、管理第一线的高级应用型人才，这类人才重在"实用"，要具备某一职业岗位或岗位群所必需的理论知识和操作技能。因此，高职课程目标是为培养学生掌握特定职业岗位能力而制定的。这种行为能力正是"行为目标"取向的追求所在。"行为目标"的基本特点是目标的精确性、具体性和可操作性，它指明在整个课程活动结束后学生应发生的行为变化，对学生应该做什么、要达到什么程度，都有具体的阐述，其关注的焦点是职业技能。"生成性目标"是在教育情境中随着教育过程的展开生成的课程目标，它是问题解决的结果，是人的经验生长的内在要求。"生成性目标"强调学生、教师与教育情境的交互作用，所以"生成性目标"是教育情境的产物，它最根本的特点就是过程性。"表现性目标"指每一个学生在具体教育情境中所产生的个性化表现。学生的主体性充分发挥、个性充分发展的时候，他在具体教育情境中的具体行为表现及所学到的东西是无法被准确预知的。"表现性目标"关注的是学生在课程活动中表现出来的某种程度的首创性，而不是事先规定的结果。由此可见，"表现性目标"的取向在培养学生的个性发展、创造精神及人格陶冶等方面比较适宜。

就高等职业教育而言，"行为目标"有利于培养学生掌握特定职业岗位或岗位群的基础理论知识和基本操作技能，"生成性目标"有助于培养学生解决实际问题的能力，而"表现性目标"则有益于培养学生的创新能力、职业探究能力，以及职业道德、个性品质、个人发展等综合素质。传统的职

业教育大多采用的是"行为目标"取向，但在现代课程观的视野下，高等职业教育培养目标的基点应立足于学生的综合能力提高和今后的可持续发展方面。所以，高职课程应体现这种追求，在课程目标的取向上要将注重实用性和发展性相结合，将注重"行为目标""生成性目标"和"表现性目标"相统一。

三、高等职业教育课程改革应处理好的几大关系

从课程类型结构角度分析，人文型与科技型、理论型与实践型、传承型与创新型等多对范畴组成的课程结构问题都是高等职业教育课程改革需要综合考虑的问题。总体上讲，各类课程结构要以追求和谐性、均衡性和适切性为要义，即各范畴内的课程类型结构要能做到搭配合理、相互支撑、体现特色的要求。对这种"和谐性、均衡性和适切性"的度的把握，取决于社会需求和学生的工作需求、生活需求、学习需求，以及由此而产生的培养目标。

（一）文与理的关系：人文课程与科技课程相结合，侧重科学技术

21世纪我国高等教育课程改革的重点之一是注重通识教育，职业教育同样必须关注人的全面发展。毫无疑问，高等职业技术教育必须突出技能和技术。高职毕业生主要到生产第一线从事成熟技术，特别是成熟的高层次技术的应用和运作工作。因此，要强调技术性课程或课程的技术性要强。但在强调"科学技术是第一生产力"的观念的同时，也要积极应答社会发展及人的发展对人文精神的呼唤，要强调人文精神的培养，弘扬传统文化，进一步渗透"可持续发展"的理念。这是因为高等职业技术教育虽然是以技术为主的教育，但这并不能否定进行人文教育的必要性和可能性。尤其在当前世界面临共同难题日益增多和棘手的时期，单纯的科技教育往往只能解决一时的问题，要想从根本上解决问题，离不开人文教育。通过人文教育，既可以提高学生的科技伦理素质，又可以增强学生关心人、注重人的意识，促使他们不

断考虑人生的价值与意义，着重为人的生存与发展着想。只有这样，高职教育才能实现其培养目标。

（二）虚与实：理论与实践相结合，侧重实践

高等职业教育应重视理论课程，实现理论的指导作用。高职不同于中职的主要表征之一，就是高职的理论性更强，理论知识起重要作用，或者说高职的技能、技术教育是建立在更为坚实的理论知识之上的。从人才培养的层次上讲，高职主要培养技术型人才，而中职主要培养技能型人才。显然，技术型人才的理论水平应高于技能型人才的理论水平。因此，高职专业培养目标及课程体系等方面都应体现对理论知识及素养的要求，都应注重加强理论课程的设置及教学。

同时，高职课程更应强调实践性，实践性是与理论性相对应的特点，它与理论性相辅相成。高职教育作为职业教育的一个较高层次，是适应市场需求而设立的一种专门培养高等技术应用型人才的新型教育模式，它仍要遵循职业教育培养人才的一般规律，突出职业教育的"实用""实训""应用"等特点。根据职业技术教育的基本特征，高职必须针对本地区经济社会发展状况及具体岗位需求状况，加强实践教学，培养急需的应用型人才。因此，高职课程必须以专业实践课程、实训课程为突破口，建立校内外实验、实训基地，加大实验、实训力度，加大课程改革力度，提高人才培养质量，大力培养第一线的高级应用型、技术型人才。实践课程教学效果如何，是高职所培养的人才是否具备岗位和职业针对性，是否适应经济社会需求的关键所在。

（三）新与旧：基础与前沿结合，传承与创新结合，侧重高新技术和创新

从知识、技术发展的角度看，基础与前沿需要结合。每一门学科在历史发展的过程中都形成了科学技术的基本知识、基本理论和基本方法，构成了学科的核心和基础，并在较长时间内稳定不变。因此，教学内容和教材必然具有继承性，这已被长期的教学实践所证明。应保留这些传统的基本核心内容，不能视之为陈旧落后的事物。但是，必须以最简洁的形式，表达出学科

的发展过程和基本理论体系，把侧重点放在从这些基本核心内容出发，有效地引导学生掌握最新的、最先进的科学内容上。

从行业、岗位发展变迁看，传承与创新须臾不离。经济、社会发展所显示出的主要特点是产业变迁频繁、新技术行业不断涌现，这就要求高职把系统的基础知识、技术同最新的前沿性知识、技术联系起来，培养学生从业与转岗的能力，尤其要求从业人员有一定的创新精神和创新能力，具有创业能力，具有使产品升级换代的能力。而创新离不开教育，课程及其实施是受教育者不断补充信息、知识、提高能力的重要载体。虽然高职强调培养技术型人才，但高职必须在事实上承担为学生一生发展服务的任务，因为任何一种终结性教育都与终身教育的潮流相违背，都不能适应社会发展的要求。高职课程改革应强调课程的拓展性，强调正迁移性和发展性，为受教育者的生涯发展奠定基础，它应该使学生具备不断学习、提高的能力。这也是职业教育由"需求驱动"向"发展驱动"转变及以人为本思想的根本体现。可以说，高职教育必须向促进人的可持续发展回归，以便完成一切教育都应该完成的基本任务和目标。

第三节 高等职业教育课程模式改革

课程模式是课程观的具体体现，是具有典型性的、以简约方式表达的、适用于一定环境并指向个性化的课程范式。换言之，课程模式是课程范式的衍生物，是课程范式转化为课程方案的中介，体现课程开发步骤（分析—设计—实施—评价）的具体思路，也是课程方案设计者可仿照的标准样式。因此，课程模式不仅是一种理念，还是一种可重复、可核查的具有实际操作意义的课程范式或标准样式。课程模式改革是高职教学改革的核心问题，在高职教育的发展过程中，出现了多种课程模式及相应的教学实践，根据高等职业教育的培养目标和社会发展的客观要求，高等职业教育课程模式改革的方向应是"素质本位"的课程模式。

一、有代表性的高等职业教育课程模式

（一）根据课程内容与实践操作整合程度及课程基础理论和应用理论的比例分类

1. 准备型

准备型也被称为储蓄型，是最为传统的一种模式。这种课程安排的出发点是希望先前的课程可以为后续课程做基础，而后面的课程又可为毕业之后的具体工作实践做准备。这也是传统课堂的经典模式。虽然这种课程设计的出发点也是面向实践的，但实际上很容易造成理论与实践的脱离，而受教育者也缺乏实践经验，不能很好地把所学知识应用于实际工作中，这都使得课程内容与实践操作的匹配和整合程度很低。这种模式在我国目前的高等职业教育中较为普遍。

2. 交替型

交替型即通常所说的"工学交替"课程，这种课程模式在英国有较广泛的实践。这种课程模式采取学习和实践相结合的形式，但交替的周期较长，一般为一个学期，即一学期学习理论，下一学期再把上一学期学习的理论运用到实习或实践中。这种模式由于有即学即用的特点，有利于理论与实践的整合。但是一个学期学习理论、一个学期实践，这样长周期的交替，容易使学生学到的知识前后衔接得不紧密，学生对以前学习的理论知识复习也不够，知识结构缺乏连续性和系统性。

3. 渗透型

渗透型即把实践渗透到每门课的学习中的整合模式。在这种模式中，每门课程都是理论与实践的结合，并具体规定了理论学时与实践学时的比例。由于这种模式把实践有机地渗透到每门课程中，不同于交替型一个学期学习理论、一个学期进行实践这样的长周期的交替，克服了交替型的缺点，学生知识结构体系比较健全和连贯，也能实现理论与实践的充分结合。但是这种课程模式在具体实施时对教师的要求较高，实施的难度较大。

4. 双元型

双元型即以德国为代表的双元制中的课程模式。这是德国于 20 世纪 20 年代为培养技术工人开发的职教培训模式。该课程模式的特点是专业设置以职业分析为导向；培养目标以职业能力为本位；课程设计以职业活动为核心；课程编制以宽基础面为基点；课程实施以双元合作（企业与学校的密切合作）为基础；教学组织以受培训者为主体；考试考核以客观要求为标准。由于其科学合理地将与专业有关的专业知识、专业基础知识及文化基础知识全部综合在一起，不强调各门学科知识的系统性和完整性，着重于整体能力培养的广泛性、融合性和实用性，是一种整合度最好的高职课程模式。

（二）根据高等职业教育课程设置关注的焦点分类

1. 知识本位课程模式

知识本位课程模式也被称为学科本位课程模式，相当于前面提到的准备型课程模式，其课程模式关注的焦点是知识或学科，强调知识的系统性和教学的整体性。这种课程模式能使学生理论知识掌握得较为全面和系统，也有一定的深度。但是，由于它重视书本知识，理论与实践结合得不够充分，受教育者的实际操作能力较差，不利于学生的能力培养。

2. 能力本位课程模式

能力本位课程模式意为以能力为基础的课程模式。这种课程模式起源于美国在二十世纪四五十年代开发的以胜任岗位要求为出发点的课程模式。它有几种不同的方式，其中最常用的开发课程的方法是教学计划开发分析法。首先，教学计划开发分析法把每一个具体职业或岗位的全部工作分解为 8 项至 12 项相对独立的工作职责，每项工作职责都可看成从事该职业应具备的一项综合能力；其次，根据履行每项工作职责的需要，把每项工作职责分解为 6 项至 30 项工作任务，每项工作任务又可看成从事该职业应具备的专项能力；最后，根据职业分析确定该职业应具备的各种综合能力和专项能力，开发教学大纲，组织教学内容和教材。这种方法强调学生的主体性和学习的主动性，其教学单元也是针对某职业或岗位的全部工作中的某个相对独立、完整的部分设计的。从教育的目标上看，则充分体现了以能力为基础的教育理念，教育教学活动的目的性也更强。

3. 人格本位课程模式

人格本位的提倡者强调：首先，课程设置的目的不应以学生掌握多少知识为主，而是要唤起学生的求知欲；其次，学生所学的知识应该能够发展个人的智慧与创造力；最后，使学生在职业生活中完善自己的人格。人格本位的这种观点在终身教育思想逐渐受到重视的情况下，找到了自己的理论依据。尊重学生的学习权、教育要开发人的潜能等都是终身教育思想所倡导的，这种倡导为我们进一步研究高等职业教育课程改革提供了一个很好的理论背景。

二、高等职业教育课程模式改革的方向 ——"素质本位"课程模式

如前所述，在我国十余年的高等职业教育改革和发展的过程中，学者通过深入的理论研究和有效的实践探索，在不断加深对高等职业教育规律和客观要求的认识基础上，总结出了一系列高等职业教育不同发展阶段富有特色的高等职业教育课程模式。目前，为高等职业教育界广泛认可并接受的主流的课程模式应当是"能力本位"课程模式。这种模式的产生基于对高等职业教育培养目标的理解和实践。现阶段，我国高等职业教育人才培养目标的主流表述是培养生产、建设、管理、服务第一线需要的高技能人才。应该说，这种目标表述较充分地照顾了高等职业教育的个性。我国高等职业教育的发展有其明显的社会经济背景，特别强调"教育的职业性"。到目前为止，可以说，我国高等职业教育的人才培养目标更多地受经济规律、市场规律左右，"技能型""职业性"培养目标是其展开完整教育行为的起点和归宿，由此产生了"能力本位"课程理念和模式。

（一）"能力本位"课程模式产生的背景及其局限性

我国高等职业教育是以"能力本位"课程理念和模式为依据设计各教育

环节的。在最初的人才培养方案的制定环节，专业特点、行业需要是其极重要的依据。在人才培养的过程中，要聚焦实践环节，对特定职业岗位要求做细致的分析甚至流程化的分解，提出对应的技能要求并逐一训练，以期达成学校与就业岗位的"无缝对接"。这种办学理念和模式充分彰显了高等职业教育的特殊个性，也是现阶段高等职业教育的魅力所在。通过近十年的高等职业教育实践，高等职业教育培养了一大批面向社会、经济第一线的技能型人才，促进了社会、经济的发展，开辟了高等职业教育的一片新天地，表现出越来越旺盛的生命力。

我国高等职业教育自 20 世纪末启动以来，恰逢社会主义市场经济体制改革蓬勃发展，因此作为我国现代高等教育重要组成部分的高职教育，主要负责为社会基层第一线培养生产、建设、管理、服务所需的高等技术应用型专门人才。市场的价值取向逐步取代原有模式时，高等职业教育的价值观念不可能不受其影响。高等职业教育培养学生的职业知识与技能，使学生具有服务社会的谋生手段，因此，高等职业教育从它诞生起就受到社会的关注，就面临着对其如何从高等教育中明确分离并独立的苦苦思考与探求。有学者认为，高等职业教育"在名校林立、社会疑虑、自身嬗变的艰难历程中，逐渐以一种更接近社会需求，更贴近生活实际的亲和力，步入教育的中心舞台"。因此，高等职业教育的创办者无不宣称其主要办学思路即是培养适应生产建设、管理服务第一线需要的技能型人才。但随着高等职业教育规模的扩大和对社会、经济影响力的增强，在其发展、成熟的过程中，我们对高等职业教育"能力本位"课程理念和模式又可以有新的思考。

1. 高职教育是一种特殊的高等教育形式

高职院校并非职业培训所，高职教育也并非单纯的职业训练，对高等职业教育人才培养目标的实践应忠于教育规律，体现教育的共性要求。高职要在共性要求的背景下思考更贴近社会生活和职业岗位的个性化的实践。也就是说，高等职业教育人才培养目标的个性化实践应服从教育的共性化目标。

2. 高等职业教育"能力本位"课程模式是否完整地体现素质教育的要求

任何形式的教育都应以提高受教育者的素质为主旨和要义。在人才培养目标问题上，确立何种教育理念是高等职业教育课程模式改革成败的关键。我国高等职业教育从"技能本位""能力本位"向"素质本位"转变是一种必然趋势。传统的"分工理论"，按照职业岗位设置专业，这种以培养一线人才的岗位能力为中心决定理论教学和实践训练内容的能力本位模式，既不适应现代社会劳动力流动加剧的变化，也不能培养健全人格的人。那种把高等职业教育看成培养"技术劳动者"的观念已不能适应社会、经济发展的新形势。

3. 学校与就业岗位"无缝对接"的现实性

现代社会，职业岗位和职业生活的创造性成分越来越丰富，职业流动越来越频繁和平常。在高职学生走上工作岗位的初期，其接受的职业技能训练与职业岗位"无缝对接"是可以实现的。但这种"对接"是短暂的，是不能持续的。既然是不能持续的，高职教育就应在重职业技能的同时站在更新的高度实践素质化的课程模式。

（二）"素质本位"课程模式的基本内涵

教育是培养人的事业，教育的宗旨是提高人的素质，普通高等教育如是，高等职业教育亦然。人的素质是一个复杂的概念，有着非常丰富的内涵，笔者无意在此就"素质"做学术性的讨论，但有两点基本的认识。一是就大的范围而言，人的素质可以粗略地从"做人"和"做事"两个方面体现；二是高等职业教育"能力本位"课程模式聚焦的"职业技能""职业能力"不能代表职业生活中人的素质。基于此，笔者认为，从"做人"和"做事"两个角度诠释高等职业教育"素质本位"课程模式是比较清晰和合理的。就操作性的人才培养过程来说，一般认为，"做人"的素质依赖于良好的人文素质教育，"做事"的素质则需基于务实的职业技能教育。因此，人文素质教育与职业技能教育兼顾应是高职教育课程模式改革的方向。人文素质教育与职业技能教育的和谐统一应是高职院校设计人才培养目标的理论依据，也应是指导人才培养实践的依据。

高等职业教育首先是教育、是育人，然后才是职业教育。教育的首要目的是使人成为"人"，其次才是"才"。目前普遍认为高等职业教育的主要任务是传授知识、培养技能，是一种"技术教育"。实际上这种看法是片面的，它忽视了教育的本质。诚然，培养技术型人才是高职院校的教育目标，但是我们培养的不能仅仅是一个只懂计算机或只会做账的人，如果是这样的话，那么学校充其量只是一个培养"工具性"人才的作坊。正如杨叔子先生所说："大学的主旋律应是'育人'，而非'制器'，是培养高级人才，而非制造高档器材。"高职学校在授予学生现代科学知识、技能和理论的同时，应对他们进行有效的人文素质教育，提高他们的道德水平，教会他们做人之道，使他们真正成为心智与人格全面发展的有用之才。

"能力本位"课程模式特别强调"教育的职业性"。因此，有专家认为，重技术教育、轻人文教育是我国高等职业教育的天生缺陷。加之近年来日益加剧的就业压力，使得我国的高等职业教育将本应综合培养"人"的教育问题过分聚焦于培养单纯的职业技能。这与"教育的对象是人"这一根本要义相悖。我国的高等职业教育在这一背景下运行，势必导致培养目标的单一化，导致教育的功利化，其结果必然是学生的片面发展。这种弊端的出现，我们认为主要有两个方面的原因。一是对职业教育个性的过分关注。职业教育的"职业性"只能在"教育"的背景上展开，"职业性"的前提应是"教育性"。二是对高等职业教育"以就业导向"的错误理解。"以就业为导向"实际上是关注职业需求，表现为按照职业需求设计高等职业教育人才培养方案和具体的教学运行，这种理念和思路体现了高等职业教育的特殊规律，也是高等职业教育的个性所在。但现实的高等职业教育实践对"职业需求"做了片面的理解，人们重视的职业技能只是职业需求的一方面，职业需求的另一方面是职业岗位所要反映的社会文化内容，具体体现在劳动者身上，就是指其人文素质。由此可见，高等职业教育的培养目标不应单纯地体现为培养会做事、能做事的人，"做人"是"做事"的基础，"做人"和"做事"应是高职学生应具备的双重素质，即"人事相宜"，两者不可偏废。

高等职业教育作为教育体系中相对独立的系统，是以行业和职业的需求为主要价值取向的，因此"职业化"意识和技能就成为高等职业教育的重要目标。以国际通行的概念分析，职业化的内涵至少包括三个方面：一是以"人事相宜"为追求优化人们的职业生活；二是以"创造精神"为主导开发人们的职业意识；三是以"适应市场"为基础修养人们的职业道德。对于职业资质来说，包括职业岗位需要的和任职者供给的知识、能力素质结构，以及两者的相宜，都体现了对技术和人文素质的具体要求。因此，"人事相宜"应是职业化的基本准则，它既关注职业能力的重要性，又没有将职业能力视为职业岗位对人的静态的和被动的要求，而是站在人与职业的相互关系的角度，高度重视人的主体性和能动作用。人对职业的社会、审美、经济及自我价值的体验都会直接或间接地影响其职业能力的发展，以至于直接或间接地影响人与职业岗位的相宜程度。

综上所述，高等职业教育"素质本位"课程模式并未忽视职业能力教育，相反，它以一种更牢固、更稳健、更人性化的方式推进职业能力教育。只有基于这种课程模式而展开的高职人才培养活动才是贴近真正意义上的职业生活的，同时才能培养出"人事相宜"的现代职业人。

第七章 高等职业教育综合改革研究

第一节 主体化改革

宁波财经学院（原宁波大红鹰职业技术学院）是在高等教育由精英教育迈向大众教育的形势下，于2001年创办的。为了将这所充满希望的学院办出质量、办出特色、办出水平，培养为地方经济所需的应用型技术人才，确保学院的可持续发展，早在建院之初，学院就牢固树立"以学生为主体"的教育理念，处处体现学生本位、教育平等的思想，将办学的切入点准确定位在以职业技能为核心，提高学生的综合素质，以及由此而需要的深化教学改革之上，确立了"系统思考加规范操作"的总体构想，先后撰写了《大红鹰职业技术学院教育纲要》《创建高职教育培养模式》《高职教育及其课程改革》《以职业技能为核心的"层次—模块"结构》四篇文章，以此作为全院教学改革的指导性文件。经过近三年的主体化改革，学院已将"以学生为主体"的教育理念贯彻到全院教育改革的各个环节中，尤其在课程体系改革、学籍管理、考试管理、素质培养、学生参与管理等方面形成了自己的特色。

一、以就业为导向与个性化的学分制

"以学生为主体"就是要把学生的成长作为教务管理的第一要务，也就是要一切为了学生的就业着想，使学生能够适应岗位的要求。为了能给学生提供个性成长的广阔空间，体现个性化教学和终身教育的理念，学院实行了学分制管理，并采取了以下措施：

（一）尊重学生的意愿和理想，允许自主转专业

为充分尊重学生个性和本人意愿，学院在征得浙江省教育厅同意后，改变了原有的学籍管理模式，允许学生入学后根据自己的特长自主选择专业。

在新生入学报到的管理程序上，学院采取了先报到再根据各专业情况确定班级的做法。同时，设立了各专业咨询处，帮助新生充分了解学院各专业情况，让学生在选择并确定自己喜爱的专业后再办理入学手续。

此政策一出台，立即受到了广大学生及家长的热烈欢迎。三年来，转专业人数分别占新生总数的 6 %、12.9 % 和 9.7 %。通过跟踪调查，转专业的学生在新专业中学习状况良好，学习成绩稳中有升，平均成绩比其他学生高9 个百分点。

此外，在入学后的一年里，个别确因不喜欢或不能适应所在专业的学习，提出转专业申请的，学院也根据实际情况批准办理转专业手续。

（二）实施学分浮动制，激发学生学习核心技术课程的积极性

作为职业技术学院，宁波财经学院突出"高职"定位，强调"职业技术优先、动手能力优先"。为了鼓励学生把各专业的核心技术课程学好，学院规定核心技术课的学分可以上浮，即核心技术课成绩在 85 分以上时，可以分档次上浮 1 个至 2 个学分，如果其他课程成绩补考不及格，未取得学分，可用核心技术课上浮的学分抵补不及格课程的学分。这样既鼓励学生努力学好核心技术课程，又照顾到那些偏才的学生，他们可以用专长学分抵补其他课程的学分，为他们顺利完成学业及今后的发展创造了有利条件。此外，学院还规定，凡核心技术课成绩优良者，学院会为其颁发"核心技术课程成绩优良证书"。截至 2020 学年下学期总共有 317 人实现了学分浮动，在学生中产生了积极影响。

（三）尊重学生个性，推行"学习成果课"与"个性化课程"

为培养学生的个性，引导学生进行创造性学习和发展性学习，学院设立了"学习成果课"。学生通过自学获得的知识、增长的才能，在校外有关专业的各种竞赛中获奖或在刊物上发表论文，学院均会给予一定的学分及相应等级的成绩。对于发挥自身特长、在校外比赛中获奖的学生，学院会专门为其设定个性化课程，并根据学生取得的比赛成绩评定课程成绩和学分。学院还鼓励学生积极参与技术、工程、操作层面上的各种开发工作，对在任何方

面的创新活动、创新成果，学院都给予充分的重视和肯定，并给予相应的成绩和学分。

（四）体现终身教育，实行"弹性学制"

学院实行弹性学制，学习优秀的学生，在修满本专业学分后可以提前毕业或继续深造。而对于一些学习比较困难或在学习期间想停止学习、到社会上锻炼的学生，提供了保留学籍的机会。这些充分体现了宁波财经学院学分制改革中的个性化与终身教育的特点。

（五）开设选修课，满足学生个性化需求

学院每个学期都开设 50 余门选修课，学生可以任意选择，但为了提高学生的综合素质，学院规定，每个学生必须在人文、经管、科技三方面各至少选修 2 个学分的选修课。从网上选课的情况可以看出，学生根据自己的个人爱好自由选修课程的积极性极高，选修课的开设极大地满足了学生的个性化需求，受到学生的普遍欢迎。

（六）推行"大红鹰学生个人网站"计划

学生思维的多样性是教育过程中最值得珍惜的财富。为发展学生个性，对学生进行成功教育，学院推出"大红鹰学生个人网站"计划，鼓励学生从入学开始，通过自己的努力，建立个人网站。学生可以利用创建的个人网站，显示自己的个性与才华，不断记录自己学习成长的轨迹，实现学生思维的个性化。为使学生不断增强成就感，学院开设了选修课，在每年的电脑节举办网站大赛，还不定期地对学生的个人网站进行评比，将评为优秀的学生个人网站直接连入校园网，并给予相应的学分。目前，已有 22 位学生的优秀个人网站挂上了互联网，600 余人的个人网站挂上了校园网。

二、以严格、多样、选择为特色的考试制度

改革现行的考试制度，使之更体现高职教学的特色，对学院的课程建设和教育质量的提高而言至关重要。宁波财经学院在实践中，以《考试规范》

为依据，逐步摸索出一套以严格的考试管理、多样化的考试方式和注重试题的选择性为特色的考试制度，注重对学生创新能力的检验和培养，使考试成为学生表现自己的机会。

（一）严格的考试管理

考试管理的严格与否影响着学院的学风与考风，宁波财经学院制定了《考试规范》《课程考核管理办法》《试卷管理的若干规定》《笔试监考规定》和《考场规则》等规章制度，对考前、考中和考后各个环节进行严格管理。

在考前环节，学院严把试卷的命题关、审批关、保密关。在考中环节，要求监考教师"严守每一份试卷、严守每一个考场"，对监考不力的教师按教学事故处理，对考试作弊的学生在该课程考试结束后立即通报处理结果。在考后环节，学院注重对考试成绩的分析，及各层次学生数量的统计，进而分析总结教学中的经验，提出改进措施，以提高教学水平。

（二）多样的考试形式

学院考试形式的多样化使考试成为学生表现自己的机会，这也是"以学生为主体"教育理念的体现。经过不断探索，学院逐步形成如下具有学院特色的考试形式：

1. 一页纸式的开卷考试

在考试方式上，除应有的闭卷考试外，对于那些偏于记忆的课程，学院增加了引导学生进行总结归纳的开卷考试方式。在考前发给每名学生一张考试专用纸，要求学生在考前的复习阶段，认真总结、归纳，将自己认为的重点内容填写在考试专用纸上。考试时，可以将考试专用纸带进考场参考作答，但不允许学生带任何书本。这种形式的考试，于2001年第一学期开始实施，效果很好，深受学生的欢迎。

2. 大红鹰口试日

宁波财经学院的口试是一种师生互动的考试形式。在口试中，学生与教师直接面对面交流，学生站在讲台上，可以利用黑板、计算机、投影仪等多媒体设备及相关教学工具阐述对试题的理解，表达自己的观点。根据《考试规范》的规定，每学期期末考试的第一天为全院的"口试日"，除操作性很强的课程外，其余需笔试的课程均需有口试内容，由教务处对口试进行统一安排。

通过四次口试，学生对口试的认识有了明显的转变，由最初的陌生、胆怯、回避、被动接受，到最终的认可、熟悉、主动参与。口试的灵活性使师生双方都有了一定的自由选择的空间，是一种培养学生创新能力和创造性思维的考试方式。

3．合作式考试

宁波财经学院开设的三门特色课程正在探索合作式考试方式。学生以小组为单位完成某一课题，各人负责其中一部分，最终以每人对小组完成课题的贡献进行评分，并作为该课程的成绩。这种方式的考试可以培养学生的合作精神，让他们体会到与人合作的重要性，有利于他们将来走向社会，融入社会。

（三）试题具有选择性

宁波财经学院的《考试规范》要求不论采用什么方式进行考试，命题教师在命题时，主观试题一定要具有选择性，学生可以选择最有学习心得的试题来回答。学院之所以要求试题要有选择性，是为了让学生能充分展现自我，使学生不是为考试而考试，从而调动学生学习的积极性。

三、倡导合作参与、提升综合素质的过程性课程的建设

宁波财经学院根据自身定位，在特别强调培养学生的职业能力、动手能力、应用能力的同时，还非常注重最新、最实用的专业技术的掌握，以及人文、管理、科技等综合素质的培养。"诗文与修养""企业家之路""高新技术概论"等三门特色课就是以"倡导合作参与，提升综合素质"为宗旨开设的过程性课程。

宁波财经学院认为贯彻"以学生为主体"这一教育理念的关键就是参与。三门特色课在授课方式上完全采用了参与式、合作式、开放式的教学模式，

实现了课内与课外的有机结合，使学生直接参与到教学的各个环节之中。除"诗文与修养"的基本知识由教师教授外，其余均由学生以组为单位自己查阅资料、讨论、总结并报告。通过三年的教学实践，特色课取得了可喜的教学成果。

（一）综合素质的提高

实践证明，三门特色课的开设，对学生的人文、管理、科技等方面素质的提高大有帮助。通过"诗文与修养"的学习，同学们对爱心与孝心、自信与专注、理想与立志、诚信与团结、读书与惜时、审美与求真等方面都有认真的思考和深刻的感悟，认识程度普遍提高，并逐步内化为自身修养。"企业家之路"的学习使学生在众多企业家的事迹中了解了许多经营管理方面的常识与经验，并普遍认识到，要成功就要有扎实的专业知识，因此要珍惜现在的学习机会，学好专业，打好基础。"高新技术概论"则扩大了学生的知识面，引起学生对高新技术的浓厚兴趣，为学生今后进一步深造开启了一扇全新的智慧与科技的大门。

（二）口头表达能力的提高

在当今这个开放的社会，口头表达能力是人际交流的需要，更是事业发展的需要。学生们通过三门特色课的参与和学习，口头表达能力得到了明显提高。课堂上每位同学都有较多的展示自我的时间和空间，同学们由胆怯到坦然，由被动接受提问到主动发表观点，他们从台下走到台上，通过交流报告、朗诵、演讲等方式锻炼了胆量，增强了自信，也提高了自己的表达能力。

（三）自学能力的提高

宁波财经学院的学生在长期应试教育的影响下，除完成老师布置的作业外，不知如何自主学习。通过三门特色课的学习，同学们学会了自学，学会了计划，学会了根据论题查阅、筛选、编辑资料，并通过深入思考概括观点、总结报告，从而有效提高了学生自学的能力和研究分析问题的能力。

（四）团队协作意识的增强

在三门特色课的学习过程中，"小组"成了最基本的学习单位，同学们参与其中，能够取长补短、分工合作、和谐相处、团结互助，既调动了个人的主动性，又有效发挥了集体合作的优势，团队意识得到明显增强。

四、设立院长学生咨询小组，探索扁平式管理的有效途径

为了践行"以学生为主体"的教育理念，突出学生的主体地位，学院决定采取让学生和院长直接见面的方式，成立了纯粹由学生组成的"院长咨询小组"，让学生更好地参与到学院日常管理中，从而探索出一条"扁平式管理"的有效途径。

咨询小组的成员是在自主报名的基础上经过严格筛选，并由院长面试确定的。原因是学院希望"院长咨询小组"可以最广泛地代表广大学生，各类学生均占合理的比例。每届咨询小组成员均从大一新生中产生，任期一年。咨询小组的具体工作就是及时、迅速地把学生对学院管理的想法和建议告诉院长；监督学院教学、管理工作，在每月一次的由院长亲自召集的咨询小组成员座谈会上，把相关的情况反馈给院长，使学院在进行重大决策时不会顾及不到学生的真正需求。

宁波财经学院"院长咨询小组"自成立以来，从学生管理到教学，小组成员提出了大量可行性建议，学院经调查后迅速调整的占提出意见和建议的30%。这些对学院的教改起到了直接的促进作用。当然有时候学生们也会钻牛角尖，揪住一个生活问题不放，而忽略了他们真正需要关注的重点。这个时候院长便对他们进行适当的引导，他们自己理解之后，就会在同学中进行广泛的宣传，这种沟通作用比学院单方面向学生灌输一些行为规范的效果要好得多。

从相关调查看，学生对院长咨询小组的认同度非常高，几乎所有的学生都知道学院里面有这么一个院长学生咨询小组。有些学生在知道自己身边有院长咨询小组的成员后，还会主动地联系他们，要求他们反映自己目前在学

习、生活上遇到的问题，希望学院能够帮助解决。学生们对院长咨询小组的工作成效也持认同态度，认为他们从学生自身的角度出发，真正替学生解决了一些细小但非常迫切的问题，而且经过他们的解释，更多的学生了解了学院一些政策的意义，消除了对学院的误解，从而使学生自觉自愿地配合学院开展一些工作。学生们还认为，学院设立这一个机构是尊重学生的表现，这让学生参与学院管理有了一个可行的渠道，体现了学生的主体地位。

此外，宁波财经学院突出高职的定位，以市场和就业为导向，采用"逆向制定法"制定了具有鲜明高职特色、适合高职高专人才培养需求的课程体系，即以职业技术和职业技能为核心的"层次—模块"结构的课程体系。

此种结构以职业技术与职业技能为核心，采用"逆向设计法"，即首先按照人才市场对职业岗位能力的需求，为每个专业设计5门至6门核心技术课和若干门职业技能课这两个核心模块，组成核心层。再设计专业技术（包括实验）、职业考证及职业方向（校内外职业培训）三大模块，组成支持层。在此基础上，为充分培养学生的综合素质，设计体现人文、技术、经管、文体及其他方面基础的基础层课程。此外，设计了体现我院教学特色的"过程性课程""选修课程""职业指导课程"等模块组成的特色层课程。这样，各层、各模块均紧紧围绕核心，突出核心，按核心的需要逐层服务于核心，课程的总体结构由内到外依次体现出"职业技术优先""动手能力优先"和"注重人文和科技素养"等设计原则。

为全面推行这一结构，学院通过大量调研，进行了细致而认真的研究、探讨，全面重新修订了各系各专业的培养计划，并采取一系列实际措施，保证了运行效果。

总之，"以学生为主体"的教育理念，早已在宁波财经学院深入人心，一项项"以学生为主体"的教学改革也正在各个层面上大力推进，相信随着宁波财经学院的飞速发展，我们的主体化改革也必将取得更为丰硕的成果。

第二节　以就业为导向的教学体系改革

近年来，随着我国高等教育规模的急剧扩大，高等职业教育也异军突起，实现了跨越式发展，适应我国社会主义现代化需要的高等职业教育体系逐步建立。

高等职业教育的根本任务是为社会经济发展培养应用型的高技能人才。高技能人才是推动技术创新和实现科技成果转化的重要力量。社会经济发展的新形势使人才结构的要求发生重大变化，对掌握实际应用技术及面向生产、服务和管理第一线的各类专门人才提出了更为迫切的需求。以就业为导向，切实深化高等职业教育改革，成为满足我国社会发展和经济建设需要、促进高等职业教育持续健康发展的紧迫任务。

高等职业技术教育作为大众化时代高等教育的一个重要组成部分，它的培养目标与学术型高等教育有很多不同。学术型高等教育以培养学术型人才为主，而高等职业技术教育则主要培养应用型的技术人才，是以就业为导向的教育。课程是实现培养目标的载体，是决定人才培养质量的关键，什么样的课程就会造就什么样的人才。这就要求高等职业技术教育在课程理念、课程结构和课程实施等方面都应有不同于学术型高等教育的标准和做法。

一、就业导向对高职教育提出的基本要求

以就业为导向的高职教育必须以市场所需要的人才素质为出发点和归宿，以毕业生的充分、高质量就业为基本的办学目标。以就业为导向的基本要求可以概括为以下几点：

（一）就业导向要求高职教育以人才市场的需要为导向

高职教育主要为社会培养并输送生产、建设、管理、服务第一线人才，其人才培养工作应该坚持以人才市场的客观需求为导向。这要求高职教育要

坚持以产业结构的调整为依据，瞄准产业的发展与调整的进程，对专业设置和课程体系进行适当调整，培养市场所需要的人才，促进人才就业。

（二）就业导向要求高职教育以职业岗位需要的人才所应具有的职业素质为导向

高职教育应当以人才市场所需要的全面素质为要求培养学生。一是要重视思想道德素质、人文素质课程的设置，以适应就业市场对人才综合素质的要求。二是要以培养专业技术技能为重点。高职教育应加大培养人才的专业技能素质的力度，通过精选专业课程、加快理论和实践教学的建设与改革、及时增设行业发展的前沿课程实现专业技能素质的提高。三是要坚持培养创新素质。高职教育虽然培养的是应用型人才，它在人才创新素质要求上与学术性人才创新素质的要求不同，但其培养的学生也必须具有创新意识、创新精神、创新能力，这是竞争时代高技能人才必备的素质。

（三）就业导向要求高职教育以市场需要的人才所应具有的综合职业能力为导向

当前人才市场要求高职学生具有较强的职业能力、竞争能力、终身学习能力。因此，高职教育应该科学地设计培养学生这些方面能力的课程和教学体系，增加培养职业能力的教学内容。产业结构的调整及就业竞争，使得每一个就业者不可能一生固定在一个职业岗位上，这就要求每个人都应该树立终身学习的观念，培养终身学习的能力。提高学生的就业竞争力既与高职教育课程体系的设置有关，又与教育教学质量有关。高职需要坚持以提高学生就业竞争力为人才培养工作导向，进行不懈的努力，才能达到办学目标。

以就业为导向，以能力为核心，面向市场、面向技术、面向应用，培养综合素质优良的高级技能人才，是当前高职教育的办学方向，而要坚持这样的办学方向，构建以就业为导向的课程体系是关键。

二、以就业为导向的高职教育课程理念

（一）技术核心而非学科中心的课程知识观

课程以知识为载体，是知识以一定的形式呈现的为学生的发展设定的一条前进的轨道。在传统的高等教育中，作为课程载体的知识是以学科为中心的学科知识体系，学生学习这些知识的目的在于认识世界，在于让其能以一定的理论、系统和模式把握这个世界。学生在学习中运用最多的是演绎思维，教学中进行的实验也只是为了验证理论，而很少是为了应用理论。这种以学科知识体系和理论思维训练为中心构建出来的课程和教学模式，是学术型大学的课程观。

随着工业化时代的到来和深入发展，技术发展的深度和广度都明显超过科学的成就，科学与技术已形成一个双向作用的格局，这种状况使得高等教育结构必须做出相应的调整。传统学术型大学已经远远无法满足整个社会对高等教育发展的需要，而高等职业技术教育正是应现代技术发展和产业结构调整需要而产生的现代新型高等教育。作为以培养实用型高级专门人才为主的高等职业技术教育，由于其培养人才的目标并不是学术型人才，其课程内容就不应以学科知识为中心，而应以技术知识为核心。这种应用型的技术人才是面向市场的、具有一定实际操作和动手能力的人，他们作用于世界的方式不是用纯粹的知识去认识世界，而是运用一定的技术、工艺和操作来改造和建设世界。在这个过程中，他们运用的往往是归纳思维，他们掌握技术是为了工程化、为了应用。这种以技术知识体系和技术能力的获得为核心构建的课程和教学模式，是现代技术型大学的课程观。

学术型大学的课程观与技术型大学的课程观，是两种不同的高等教育课程体系的建构理念。前者服务于学科建设和知识积累的目的，是几百年来大学这种机构留给现代大学的珍贵财富，其存在的合理性在于大学作为文化的传承机构，不仅担负着文化传播而且担负着文化创新的功能。后者服务于技术开发和职业训练的目的，是近代工业社会对高等教育发展的新要求，其存在的依据在于其是现代高等教育功能的延伸，尤其是高等教育经济功能的突

显。在现代，高等教育的文化传承与创新功能仅仅是其功能中的一部分，是小部分精英大学应该承担的主要功能，大部分的高等职业技术教育的社会功能应是为社会经济发展输送合格的技术型人才。这就要求高等职业院校的培养目标要贴近市场需求，培养市场需要的人才，做到人才的培养与社会的需求与产业结构的需要保持一致。因此，高等职业技术教育的课程理念从技术出发而非从学科出发就是一种必然的选择。

（二）适合学生身心发展的课程价值观

高等职业技术教育的课程以技术知识为载体，这只是表达了课程的内容和组成要素，是课程静态的一面。事实上，课程目标的最终达成还在于这些知识技能是如何内化为学生的身心素质的，这一过程就是课程动态的一面。传统课程观注重课程作为知识载体的静态的一面，对课程的建构注重知识的系统性、完整性。现代课程观对课程的理解不断地拓展，已经远远超越了课程静态层面的关注，而注重课程动态层面的达成。后现代课程观更是强调课程作为过程的意义大于知识的掌握，要关注作为发展主体的学生的个人能动性和主动性的发挥。这是因为人们正深刻地意识到课程目标的达成越来越依赖于学习者主体的个人参与和积极行动，因此对课程的建构应该越来越多地考虑学习者的特点。

现代高等职业技术教育课程的构建也应如此，在以技术为核心的前提下，能不能更好地结合学生的身心发展水平也是其课程能否成功的一个关键因素。学生的身心发展水平有两个考察层次：一是学生的现有发展水平，二是学生的最近发展区。前者是课程构建的起点，后者是课程构建的阶段性目标。在这个意义上，提出了教育质量的含义能让每个学生在原有的水平上有所提高，这不仅是科学的，更是务实的。

学生的现有发展水平又可以分为两个方面，一是知识能力方面，二是学习的心理、态度、情感方面。在我国，现阶段进入高等职业学院的学生，在这两个方面都与进入学术型大学的学生有着很大的差距。由于我们的中等教育还存在着明显的应试教育倾向，还是以学生对理论知识的系统掌握和发展学生的理论思维能力为主导的。而事实上，并非每一个中学生都具有这种个性和人生发展的倾向。那些不能适应中学应试教育的学生，他们在中学的学业成绩上是落后的，在理论知识的学习上是不足的，同时也往往导致他们学习目标、学习动力的缺乏，而恰恰正是这样一批学生走进了高等职业学校。然而，这并不意味着他们不能在未来创造出辉煌的业绩。著名教育家杨叔子曾说，没有工科就没有一个民族的今天，没有理科就没有一个民族的明天，没有文科就没有一个民族的后天。这也能说明培养工科型的应用类人才是一个民族发展的当务之急。此外，现代心理学研究表明，人的智力类型是多种多样的，一个人在理论学习中的失败也许恰恰证明他在其他方面有过人的地方。基于上述认识，我们在课程体系构建中应努力寻求职业需要与学生发展的最佳结合点。

（三）"以学生为主体"的教学观

教学是课程的实施过程。教师在教学过程中遵循什么样的指导思想去落实课程会影响课程目标的实现。在教学过程中我们应遵循"以学生为主体"的教育理念。"以学生为主体"已成为学界共识，然而在实践上往往不尽如人意。

落实这一理念的关键是参与。要让学生参与教学的各个环节，给学生提供"自学的机会，动手的机会，表达的机会，创新的机会"。这种参与是在教师指导下的参与，学校给学生创造一种环境，让学生在参与过程中学会学习、学会做事、学会做人。

培养学生的自学能力是让学生学会学习的重要途径。学生只有把读书当成自身的要求，才会取得自我获取新知识的基本能力，这是高职学生应该做到，而且能够做到的。

要培养学生的动手能力，使学生能将学到的知识、技术运用到实际中去。这对于高职学生来讲，是至关重要的。

因此，凡是实践性强的、操作性强的课程，应该从以课堂讲授为主转变为以实验、操作为主的方式，积极建立校内外实习实训基地，给学生创造更多更好的实践环境、动手环境。

表达能力包括书面表达和口头表达，这是我国高等教育中常被忽视的一个环节。口头表达能力不仅是未来开放社会对学生的要求，是人际交流的需要，而且也是一种促进思维、促进创新活动的重要方式。一个人只有在对他人表达自己的见解时，才能发现自己认识的不足，才能促进新思想、新观点的生成。

高职院校要创造条件，提供包括口试、讨论、各种演讲比赛等多种途径，让学生有更多的机会提高表达能力。创新是素质教育的重要目标，对高职教育而言，创新的重点首先应放在技术、工程、操作层面，对学生在任何方面的创新活动、创新成果，不论是一项新技术、一种新工艺、一篇技术论文或者获得竞赛奖等，都要给予充分的重视和肯定，从而形成有利于学生创新的氛围。

三、高职课程体系构建的原则

近年来，高等职业教育有了长足的发展，但是，一些影响职业教育健康发展的深层次问题仍然没有得到解决，其中根本的问题之一是人才培养系统性的偏差，集中体现为人才培养的效果与市场需求之间的距离，而导致这一偏差的最直接原因是课程。课程体系设计和课程实践是其中应当着重解决的问题。

（一）当前高职课程体系存在的主要问题

1. 目标定位的片面性

高职教育的目标是培养高技能人才，即生产、建设、管理、服务第一线的技术应用型人才。从理论上说这一定位是被普遍认同的。但在教育实践中，这一目标思想并未完全落到实处。一是强调高职教育的高层次，易忽视职业的特色，相应课程使应用能力的培养要求落不到实处。二是片面理解技能培养的含义，没有从培养对象知识、能力、素质协调发展的角度考虑突出职业技能的培养，而把单一的岗位操作技能等同于全面的职业能力，忽视了人才全面发展的要求。三是具体培养目标不清晰。高职教育的总目标是培养高技能应用型人才，这一点是清楚的，但具体到某一专业，仍存在课程目标不明确甚至错位的现象。例如：到底应该如何界定市场营销专业的职业能力；企业管理、酒店管理等管理类专业的管理要求如何定位，等等。这些问题只有经过深入调研才能逐步明确。

2. 课程设计的随意性

一个优秀的课程体系的产生，先要对职业领域现状与发展需要做深入调查、分析，切实把握社会对人才培养在知识、技能、素质等方面的实际要求。再在充分论证的基础上，进一步明确课程目标、选择课程内容、设计课程结构、创新组织方式，并在实践过程中不断加以完善。不能认真做到这些，课程体系的适用性必然大打折扣。

3. 课程结构与内容的高职特点不明显

作为职业教育，如何实现人才培养与生产实际的零距离，课程结构创新与课程内容改革是关键因素。现有的高职课程结构基本上沿袭本科教育基础课、专业基础课、专业课的三段式结构，课程内容仍按学科体系编排，侧重知识的系统性，没有形成清晰、完整的技能培养体系。从课程实施模式来看，还是以课堂集中教学为主，一些实践教学模式受到多种因素的制约，还没有发挥应有的作用，校企结合的通道也尚未打通。这些矛盾如果不能得到及时解决就会影响培养高技能应用型人才目标的全面实现。

（二）高职课程体系构建的原则

高等职业教育是高等教育的组成部分，当然具有高等教育的共性；但作为职业教育更有其不同于学术性高等教育的特性，突出表现为技术导向性。根据就业导向的基本要求，高职课程体系的构建应遵循以下原则：

1. 培养高技能人才的原则

高职的课程观是高职课程体系建设的指导思想，主要体现在课程目标确立、课程内容选择、课程模式设计及课程评价等方面。贯彻高职教育的课程观，就要明确高职教育是一种以就业为导向的教育，其职业方向性的特点决定了它必须适应社会的就业需求，必须服务于特定职业岗位或技术领域，必须培养生产现场的高技能应用型人才。高职教育的实践者必须深入了解市场，准确把握市场对高技能人才在知识、能力、素质等方面的具体要求，从传统的高等教育的模式框架中走出来，真正做到从行业实际需求出发，落实高职人才培养的要求。

2. 以技术能力为核心的原则

联合国教科文组织国际教育分类标准把高职课程归类为定向于某个特定职业的课程计划，定义为实际的、技术的、具体职业的特殊专业课程。高职课程不管是理论体系还是实践体系，都必须以应用为主旨，以能力培养为核心，以相对完整的职业技能培养为目标，让学生懂得怎么做，并且能做、会做。

落实职业能力培养的核心地位，首先，要突出职业性，以应用为主线构建专业基础能力、职业通用能力、职业核心能力的目标系统，明确各层能力的培养要求。其次，要强调课程模式的实践性，除了增强实践性教学环节的比重，保证学生有充足的实践训练的机会，更要重视课程实施模式即教学体系的创新，突破以课堂为中心的教学模式，通过校企结合等途径，使教学与职业实践紧密结合。

3. 课程知识和技术多元整合的原则

高职培养的是能在生产现场解决实际问题的高技能实用性人才，这些人才需要具备较强的综合职业技能，其职业生涯的发展需要以技术、能力的复合性拓宽职业岗位的面向。因此，高职要运用多元整合的策略思想，形成以应用性、复合性为特色的高职课程内容体系。

贯彻多元整合的策略思想，要打破原有课程、学科之间的壁垒和界限，以技术应用能力的培养为核心，以目标培养的实际需要为内容取舍和结构组合的标准，分析相关的知识要素和技能要素，对课程内容进行纵向和横向的整合。纵向整合的目的是精简课程内容，不求学科体系的完整性，更强调课程内容的应用性和必需的基础性；横向整合即跨学科的整合，强调课程内容的综合性。综合精简课程门类，可以避免交叉重复，突出综合知识和综合实践能力的培养，从而在整合的基础上形成新的课程类型。这种课程相对于学科课程来说，更适应高职人才培养的特点要求。

4. 课程体系整体优化的原则

实现整体优化原则，首先要考虑三组关系，一是社会需求、学生基础水平、课程目标之间的协调关系。社会需求是出发点，学生的基础是前提，课程目标应结合这两者的实际要求合理设计。二是知识、能力、素质之间的比例关系。要根据培养目标的要求，统筹考虑，找到三者之间最佳的结构平衡点，使学生的知识、能力、素质得到协调发展。三是课程与课程之间的关系。不同的课程对培养目标所起的作用不同，应在目标统一的基础上确定课程在整个课程体系中的主次地位与作用，明确核心课程、支持课程、基础课程之间的关系。课程体系建设是一个系统工程，在课程结构、课程内容等方面均需深入探索，并需要一定的时间周期才能完成。同时，需要建立相应的质量监控与课程评价机制，随时收集实施情况，定期分析反馈信息，对课程方案做出及时修正或调整。所以，课程体系的优化实际上是动态的、不断发展的过程。既非一蹴而就，也不可能一劳永逸。

5. 理论教学"必须、够用"的原则

高职的理论教学特别强调理论要为实践服务，以指导实践，提高技术应用能力为目的，坚持理论教学"必须、够用"的原则，促使学生用科学的技术理论指导实践和实践操作。基于此，可以对理论教学进行大胆的改革和重组。取消与专业实际技能培养关系不大、理论性过强的课程，同时从实用性出发对一些与该专业相关的课程进行内容上的调整与合并，增设反映新技术的技能训练的课程和过程性课程。

6. 高教性与职业性统一的原则

以就业为导向，高职教育的技能培养受到了足够的重视，但高等职业教育既是技术教育，又是高等教育，两者应统筹兼顾。作为高等教育，提高学生的科学素养和文化素养是必不可少的功能，高职教育不能落入单纯性的职业技能训练的窠臼，必须在课程上予以保障。这也是高职区别于中职的重要标志。

另外，从国际上看，职业技术教育的层次不断上移。高等技术教育综合素养的提高，有利于新技术的掌握和自我职业的发展。为了增强学生的发展后劲，采取的措施主要有两个，一是加强学生的科学素养和文化素养，二是加强学生的技术设计和开发的能力。因此，在设计课程时，应当对此有充分的重视。

7. 课程体系开放的原则

开放性原则要求课程体系本身具有一定的弹性和灵活的调节机制，能对整个社会的经济、科技的发展与市场需要做出快速反应，根据实际需要及时在内容上吐故纳新，在结构上调整组合。

知识经济促进了科技的进步和社会产业结构的调整，造成了职业结构和劳动岗位内容的不断变化，而且这种变化的速度越来越快。高职课程要及时反映这种变化，必须具有自我调整、自我更新的能力。而刚性太强、柔性不足的课程结构显然不能适应不断变化的要求。开放性的课程结构则具有较灵活的调适机制，易于调整更新，也更容易形成个性化的课程。实行课程结构模块化是坚持开放性原则的一种有益尝试。课程结构模块化是指，将相关知识与能力按照其相互之间的关系及内在的逻辑联系，编成便于进行各种组合的相对独立的单元。这种课程结构模式灵活性大、针对性强，可以通过调整不同模块的组合，及时实现专业方向的调整，满足各种教学计划需要，并保持自身的完整性与稳定性。同时，由于其开放性强、便于组合的特点，可以较为灵活地实现教学内容的新陈代谢，使教学要求与社会的发展变化基本上保持同步，有利于培养人才。

8. 重视课程特色的原则

高职的人才培养要为区域经济服务，课程体系的特色主要体现在与地方经济的结合上。地方经济结构不同，产业布局不同，经济发展水平不同，对人才的类型要求、专业要求也不同。如有的地区重点发展先进制造业；有的地区则以电子信息类产业为主；有的地区旅游资源丰富，需要大批旅游业的专门人才；有的则需要大量外贸业务人才；等等。同是对市场营销人才的需求，有的需要懂得汽车营销，有的需要懂得服装营销，要求的特点也各不相同。要想满足地方经济发展对人才的特定要求，创建特色课程，构建产学结合的课程模式，是特色建设的一个主要突破口。高职可以把企业的生产流程引进课程，把课程活动延伸到企业，校企之间密切合作，做到"你中有我、我中有你"，并在内容上、模式上创新课程。

四、高职课程体系构建策略

按照何种逻辑思路来设置课程，取决于遵循何种课程理念。按照不同的逻辑，能够开发完全不同的课程体系，从而建立完全不同的课程内容选择和编排标准。例如，当前职业教育课程存在的主要问题是仍然遵循学术性本科院校学科课程三段式的逻辑，如果不使课程设置逻辑发生根本改变，就无法彻底动摇学科课程在高职教育中的根基。

高等职业技术教育既然是以就业为导向的，是不同于学术型高等教育的技术教育，那么它的课程设置就应该有不同于学术型大学的设置思路。传统学术型大学的课程设置是遵循以学科为基础的"公共基础—专业基础—专业"三段式的逻辑思路设计的，我们不妨称之为"顺向设计法"。高等职业技术教育重在培养第一线的应用型技术人才，其课程设置就应该以职业技能为核心，把职业技能的掌握放在第一位，同时关注学生全面素质的提高。高等职业技术教育的这种课程设计所遵循的路径与学术型大学的课程形成路径是相反的，我们不妨称之为课程的"逆向设计法"。

（一）逆向设计法

课程体系的构建是实现高职人才培养目标的关键。与学科性课程体系的设计相反，逆向设计法以职业岗位的要求为起点，逆向设计课程体系：首先，根据行业或领域职业岗位要求（人才市场需要），分析确定人才应具有的关键职业技术、技能、职业素质，据此设置所需的核心技术课程和职业技能课；其次，确定核心技术课之外的、专业必需的技能课；最后，根据核心技术课、职业技能课的需要，从高职教育对学生的政治思想素质、身体心理素质、人文素质、科学素质的全面要求出发，设计基础课和特色课程。以"逆向设计法"

构建高职课程体系，始终坚持就业这一导向，牢牢把握人才市场的需求变化，有利于提高学生就业竞争力，提高就业率和就业质量。

（二）逆向设计法的优越性

1. 明确构建课程体系的逻辑思路

"逆向设计法"所依据的人才培养的目标是通过对就业市场进行的综合分析确定的。通过对就业市场的综合分析，紧密跟踪人才市场需求的变化，调查、预测用人单位的需求和家长、学生的就业期望，奠定了技能型人才培养的现实基础。逆向设计法从方法上保证了课程体系是以就业为导向的，为学科性课程体系"破除"后"创新"高职课程体系提供了一种解决策略。

2. 以满足劳动力市场的需求作为构建课程体系推动力

在社会主义市场经济条件下，社会需求是推动学校发展的根本力量，以培养高技能人才为己任的高职教育的发展动力是劳动力市场的需求。人才市场需求推动着高职课程体系的发展，据此构建的课程体系也随着人才市场需求的变化而变化，不断得到丰富和发展，因此也是动态的、开放的课程体系。

3. 构建课程体系为提高学生就业和创业能力奠定了基础

就业是职业教育服务经济社会的结合点，就业和创业都必须通过适应劳动力市场的需求来实现。利用"逆向设计法"构建课程体系为提高学生就业和创业能力提供了机制保障。

五、"层次—模块"课程体系

高技能人才培养的核心问题是课程的设置与建构问题。基于此种认识，我们以高职课程改革为突破口，依据高职课程体系构建的原则，采用"逆向设计法"，构建了以职业技能为核心的"层次—模块"结构的高职课程体系。这一课程体系由核心层、支持层、基础层、特色层4个层次和14个模块的课程组成。

（一）核心层

核心层设置"核心技术课"和"职业技能课"两大模块，其内容按照职业群共有的基础技术和基本技能整合而成，是教育教学的中心内容，并要在时间上、师资上予以优先保证。

核心技术课模块，覆盖了该专业对应职业岗位群所需的最基本、最主要的知识和技术，在教学上侧重于技术原理、技术方法的讲授。每个专业设立5门至6门核心技术课程，保证学生有足够的时间和条件学好这些课程、掌握本专业必备的知识和技术，确保学生有一技之长。

职业技能课模块，这是强化培养学生的动手能力、操作技能的课程。该模块重在对职业基本技能的培养，如各专业的计算机应用课程即属此类课程。这一模块的课程强调职训、实训、实验、上机等实用性操作训练，以满足第一线应用技术人才的实际需要。

（二）支持层

针对职业所需，在专业技术知识课堂教学的基础上，开设职业考证、职业培训、专业实践等课程，以强化操作能力训练。为此，围绕着核心层，应设计"专业技术""职业考证""职业方向"三大模块的支持层。

专业技术模块，是指各专业除核心层外需要开设的专业技术课，这是对核心技术课程所需专业知识的强化、拓宽和补充，以使学生进一步理解本专业的核心技术课，强化技术操作，熟练和丰富技术操作经验。该模块也包含各类实验课程。

职业考证模块，旨在保证职业资格的获取，落实双证制度。双证制度即每一个毕业生必须具有毕业证和一份职业技能证书。这一模块重视职业技能的能力考核，将职业考证的相关课程引入日常的学历教学中，并由经验丰富的各专业教授有针对性地开设辅导讲座，对所有报考学生进行系统培训和模拟训练，从而使学生取得相应的职业资格或职业证书。

职业方向模块，以当前职业市场的需求为准，每个专业设立3个左右的专业方向，在第四学期按照学生的学习兴趣对他们进行职业分流。此模块侧重对学生进行校内外职业培训，让学生在真实或仿真的职业环境中，接受本专业职业岗位的专项培训，学以致用，将储备的职业技能知识应用于实践。

（三）基础层

基础层课程为学生提供大学生必须具备的科学、文化、身心、素养等方面的基础知识，重视培育学生的人文素养和科学素养，是职业高校区别于职业中专的重要标志之一。基础层主要包括高等数学、大学语文、英语、"两课"、体育等课程。基础层的课程设置以"够用、管用"为指导方针。这里的"够用、管用"不是由任课老师来决定的，而要由专业课老师决定。在这个模块中可以遵照以职业技能为核心的宗旨，结合高职学生文化基础相对较差的实际，对基础层课程进行大幅度的课程改造。

数学模块：实施课程小型化改造，将数学课程按知识点分解为初等微积分、矩阵代数、统计方法、积分变换、图论初步、集合论初步等六门小课程。各专业可根据专业需要从中选取若干小课程，既有利于学生对知识点的全面掌握，又能充分体现基础层课程服务于专业的特点。

人文模块：根据各专业的实际需要，将"大学语文"改造为"专业应用文写作"，各专业根据本专业的常用文体设计课程内容，使学生通过本课程的学习，更好地掌握和利用相关文体，为自己的职业需要服务。同时，使该课程与诗文与修养、院定人文选修课形成一个人文模块，以切实提高学生的人文修养。

"两课"模块：在内容上包括"邓小平理论""哲学""法律基础""思想品德修养""形势与政策"五门课程。该类课程在教学组织形式上应实现多样化，如讲座、专题片、电影、参观等；在教与学关系上，要重视学生总结、讨论小论文等参与式的研究性学习，以调动学生积极性和学习趣味性。

（四）特色层

在上述三个层次的基础上，还应为学生设置富有特色的特色课程，包括过程性课程、心理健康和职业指导课、选修课三大模块。

过程性课程模块，是在"以学生为主体"的理念指导下，为给学生提供更多的自学的机会、动手的机会、表达的机会、创作的机会而开设的。过程性特色课程包括"诗文与修养""企业家之路""高新技术概论"等，让学生通过自己收集资料、自学、讨论、总结并报告，参与课程的学习之中，并通过研究性学习，增强学生的参与意识和自学意识。

职业指导和心理健康教育模块，包括"职业生涯规划""职业道德与素质""心理与情商""礼仪与公关"四门课程。主要目的是提升学生综合职业素质，提高生活品位。

选修课模块，以人文课程为主，兼有科技、管理、文体类等课程，为学生多方面个性发展提供帮助。要求所有专业学生在人文、经管类中至少选一门课，而且每个学生在选修课模块上至少要获得 10 个学分。

"层次—模块"结构的课程体系特点是：各层各模块均紧紧围绕职业技能这个核心，突出这个核心，再按核心课程的需要逐层服务于核心，形成了一个围绕核心环环相扣的课程总体结构。这种结构由内到外依次体现出"职业技术核心""动手能力优先"和"注重人文和科技素养"的高职课程设计原则。这一课程体系结合"2 + 1"教学模式和分流培养措施，构成一个比较完整的高职人才培养体系。

总之，在课程改革的过程中，要坚持以技术为核心的课程观，基于学生发展的现实基础，贯彻"以学生为主体"的教育理念，运用逆向设计法，形成有特色的高职课程体系。

第三节　"双证制"改革

一、职业教育实行双证制的背景

（一）"双证制"的含义

"双证制"是指在高职院校学生中推行的学历证书、职业资格证书并重的制度，旨在加快培养大批具有必要的理论知识，又掌握职业操作的基本技能，熟悉本行业运行过程和管理，并具有一定现场解决问题的能力和综合能力的技能型、复合型的高层次人才。其基本思路是，对职业技术院校全日制在校生实行"一教两证"制度，即一种教育形式同时颁发学历证书和职业资格证书。现阶段，职业资格证书是指劳动者按照国家指定的职业分类、职业标准或从业资格条件，由政府认定的考核鉴定机构对其技能水平或职业资格进行评价和鉴定之后，获得通过的凭证。而学历证书通常是指一个人在国民教育系列中所接受的某一层次教育的证明，是受教育者综合文化素质和教育水平的反映。在我国，学历证书与职业资格证书是不同教育或培训体系下的产物，两种制度在其结构、依据和培养方式、培养目标等方面既有一定区别，又互为联系与补充。

（二）"双证制"产生的背景

职业资格证书制度是劳动就业制度的一项重要内容，学历是人们在教育机构中接受科学、文化知识训练的学习经历。《中华人民共和国职业教育法》规定，职业教育应当根据实际需要，同国家制定的职业分类和职业等级标准相适应，"实行学历证书、培训证书和职业资格证书制度"。1998年国家经济贸易委员会（现商务部）、劳动部（现人力资源和社会保障部）、国家教委（现教育部）《关于实施〈职业教育法〉加快发展职业教育的若干意见》中也明确指出："要逐步推行学历证书或培训证书和职业资格证书两种证书制度，对学校或培训机构的毕（结）业生，要按照国家规定的职业分类和职业技能标准，开展职业技能考核鉴定，考核合格的，按照国家规定，发给职业资格证书。"2002年《国务院关于大力推进职业教育改革与发展的决定》中更加明确地指出："职业学校毕业生申请与所学专业相关的中级以下（含中级）职业技能鉴定时，只进行操作技能考核。部分教学质量高、社会声誉好的中等职业学校和高等职业学校开设的主体专业，经劳动保障和教育行政部门认定，其毕业生在获得学历证书的同时，可视同职业技能鉴定合格，取得相应的职业资格证书。经人事、教育行政和相关行业主管部门认定的职业学校相关专业的毕业生，不受工作年限的限制，可直接申请参加专业技术从业资格考试，并免试部分科目。"其核心内容就是实行学历证书教育与职业技能培训的结合，从而有效提高我国劳动者综合素质。

二、高职院校推行"双证制"的必要性

（一）有利于高职院校明确培养目标的定位

推行"双证制"，可以有力保障高职教育的准确定位，即高职教育是培养既具有必要的专业理论知识，又具有较强的实际操作技能，能在具体工作中组织生产、解决技术问题的人才。高职教育是否达到以上的培养目标，除按照教学计划完成学业获得学历证书外，还需要有一个社会与人才市场认可的更直观的标准来衡量。劳动、人事部门制定的包括专业技术系列的职业证书、特殊行业的执业资格证书、特殊岗位的上岗证书及技术工人等级证书在内的这类职业资格证书，能更直接、更准确地反映从事某种职业应具有的实际工作能力，是持证者知识、技能、能力和综合素质的体现和证明，也是持证者能够直接从事某一职业岗位的凭证。高职毕业生能否拿到这类证书，在很大程度上能反映高职学校是否达到了培养目标。

（二）实施"双证制"是促进高职院校教学改革、提高教学质量的需要

高职教育的培养目标是技术应用型人才，以学历文凭为主的证书制度在一定程度上能评价学生基础理论知识的掌握情况及其综合文化素质状况，但是忽视了对学生实际技能的检测。而职业资格证书制度作为一种校外评估制度，其职业资格的标准直接由企业等用人单位和行业协会等组织参与制定，注重学生实际能力的考察，从而推动了职业教育教学内容的改变，使职业教育更加注重实际技能的培养，促进职业教育质量的提高。

（三）推行"双证制"有利于高职教育的师资队伍建设，提高教师双师素质

在推行"双证制"实施职业技能培训和鉴定过程中，我们的教师根据需

要参加职业技能鉴定考评员培训，通过培训拿到考评员证书，或考取相应的资格证书。这在一定程度上能加速教师队伍建设，有利于既能传授知识又能培养能力的"双师型"优秀教师的培养。

（四）推行"双证制"有利于提高学生的综合素质，增强就业竞争力

社会与人才市场对应用型人才的要求越来越讲究"适用"和"效益"，要求应聘人员综合职业能力强、上岗快，不需培训就能独立从事某一职业岗位工作。为适应社会与人才市场的这一要求，高职院校必须实施"双证"制度，让毕业生除具有学历证书外，还要有证明能从事某一职业岗位的职业资格证书。当前的毕业生就业情况也证明，无论是高职高专毕业生，还是更高学历的毕业生，谁持有职业资格证书和技术等级证书，谁就能在人才招聘中有比较多的就业机会和选择余地。

三、目前高职院校"双证制"存在的问题

高职院校实行的职业资格证书制度，是国家职业资格证书制度的一部分，在很大程度上要依赖于国家职业资格证书制度的健全与完善。目前社会上职业资格证书制度还未发育成熟，用工制度尚未健全，社会环境、经济秩序对高职院校"双证制"的推行还存在较大的负面影响。

1. 职业资格证书考核与鉴定缺乏规范化的管理

（1）考核机构权责不清

很多职业资格证书和职业技能等级考核鉴定站（所）设在劳动保障、人事或相关的一些行业及部门，他们都有发证的资格和权力，这就造成了"证"出多门、缺乏统一标准、缺乏统一规范管理等情况的出现。另外，他们既是被考核鉴定人员的培训者，又是"证书"的签发者。一些地方的这些部门为获得更多的经济利益，还规定只有参加他们举办的培训班、使用他们的培训教材才能参加考核鉴定。这样一方面给高职学生参加"证书"的考核或鉴定增加了经济成本，另一方面也影响了证书在社会上的信誉度。

（2）考核过程不严谨

有些证书"门槛过低"，只要满足基本条件，交纳一定的费用，基本上都能拿到证书。考核鉴定过程不严肃、不认真，考核机构把鉴定与发证当作谋取经济利益的手段，导致证书含金量低，社会认可度不高，学校、学生、用人单位都有意见。

（3）鉴定体系不完善

鉴定机构的建设亟待加强，目前鉴定人员的业务素质和工作责任感不能适应要求，鉴定内容、鉴定手段的科学性、合理性、先进性亟须提高。

2. "双证"制总体把握不到位

（1）缺乏对证书的认识

证书的实用价值的认知度，学校、学生对职业资格证书的认可度还有待提高。各类专业证书的权威性，实用性的了解基本上仅停留在证书的表面宣传上，缺乏对证书根本性的认识。

（2）追求证书的数量而不求质量

学生考证热情在升温，学校在组织上不管什么证书，拿来就上，各类证书品种虽多，但质量都不高。

（3）对证书缺乏后续的跟踪调查

对于学生已经取得的证书，在就业过程中，社会和企业对这类证书的认可度没有一个完整的后续跟踪。

（4）经济利益至上的原则

学院在选择证书的过程中，往往以追求经济利益为最终效果，偏离了原本为学生创造提高技能的平台的设想，从而使考证失去意义。

（5）欠缺适应"双证制"教学要求的师资

要让学生掌握较熟练的职业技能、胜任某一职业岗位的工作，建设一支适应"双证制"教学要求的"双师型"师资队伍是关键。但是，高职院校的专业课师资多来自综合大学或普通师范院校，他们的专业理论厚实但专业技能和实践动手能力普遍较差，从专业技术岗位或实践操作岗位引进的师资数量较少，况且他们的教学经验也亟待提高。所以，现在能适应"双证制"教学要求的师资较为欠缺。

四、高职院校实施"双证制"的对策

1. 对国家政策的建议

第一，加强职业资格证书制度的有关法律体系建设，并严格推行劳动准入制度。建议国家政府职能部门全面推行和严格执行劳动准入制度，颁布相应的政策、法规，扩大劳动准入制度的实行范围，对违反劳动准入制度的企业及单位进行惩戒。同时实行对不同职业（工种）按职业资格证书的不同等级要求，制定工资指导价位的制度，引导企业在制定内部收入分配方案时，将职工工资与技能水平挂钩或按职工技术等级的不同给予相应的技能津贴，促进企业建立培训、考核与使用相结合并与待遇相联系的激励机制。

第二，建议国家设立专门研究、制定职业资格标准的工作机构，吸收人事、劳动保障、教育及有关行业部门参加，统筹管理职业资格标准的设计、制定及颁发管理工作。各级政府也应设立相应的机构，统筹管理职业资格证书的考核、鉴定、发放工作，加强职业资格证书的规范管理，提高证书在社会上的声誉和作用。

第三，花大力气整顿鉴定机构，提高人员素质，降低收费标准，制止利用证书牟利的行为。

2. 学院内部对策

（1）根据本专业的定位确定应考证书

应考证书的确定要以专业培养目标要求的专业技能为依据。各专业应以自身的培养目标为出发点，对学生的培养规格进行准确定位，然后选取相对应的证书作为本专业的核心证书，让学生掌握本专业的核心技能。

（2）选取合适的证书

高职院校要从自身特点出发，结合学生的基本情况，选择适应学生基本情况的证书等级，不能过高也不能过低。盲目地追求高等级的证书会影响学生的取证率，也会打击学生考证的积极性。过低等级的证书则使学生在就业过程中不能发挥证书应有的作用。所以说，证书等级的选取是高职院校必须重视的环节。

（3）重视证书的社会认可度

不同部门在颁发证书时的偏重是不一样的，如物流、单证由商务部颁发，职业技能类证书由人力资源和社会保障部颁发。所以，不同领域的证书对发证部门要求也很重要，这涉及证书的社会认可度问题。

（4）重视证书所要求的技能与实际掌握技能的匹配程度

技能证书要求学生掌握相关的技能，使学生步入社会后直接可以上岗操作。目前大多数证书也明确提出了对各种技能的要求，但在真正的操作过程中，学生却仅仅学习理论知识，考试也更多的是对理论知识的测试，仅通过一张试卷来完成。完全撇开技能操作的考核，导致证书对技能的要求与学生技能的实际掌握情况不相符合。这就要求高职院校在证书选取的过程中，一定要了解相应的培训内容、课程安排及考核方式等。

（5）教师必须先行一步

教师作为证书培训的最终实施者，应该对证书的难易程度，考核方式、应用领域等方面都有一个全面的了解。而想要认识这些方面的内容，培训教师必须自己先去参加该证书的培训及考试，甚至应该选择比学生更高一个级别的证书。这样方可对学生进行培训，而且在培训的过程中也能及时地发现问题。

（6）证书内容与教学内容设置相对应

高职院校应建立以行业为分类的由教育界专家、当地知名企业家、工程技术专家和校内骨干教师组成的专业教学指导委员会，开展学历教育与职业技能培训相关课题研讨；以区域为中心进行广泛的调查研究，组织人员制定既符合当前高职教育特点又与职业资格要求相衔接的教学计划和课程设置，编写教学大纲。

"双证制"有效提升了高校学生的技能操作能力，能为大学生就业和发展搭建一个较高的起点，越来越受到高职院校尤其是理工类院校的青睐。"双证制"对于高职院校而言，除能检验其是否按照培养计划完成学业获得学历证书外，还能衡量学生的技能是否达到社会要求的标准。所以说，高职毕业生能否拿到这类证书，在很大程度上能反映高职学校是否使学生达到了培养目标。总之，高职教育实施"双证制"势在必行，尽管在实施过程中会遇到这样或那样的问题，但在政府和有关部门的大力支持和推动下，经过高职院校的努力，"双证制"一定能得到普遍实施，进而促进高职教育的改革与发展。

第八章　高等职业教育校企深度融合改革研究

第一节　产教融合概述

当经济进入新常态时，作为与经济发展密切关联的我国现代职业教育也应进入新常态。面对"转结构、调方式、去产能、促发展"的环境，习近平总书记指出"要把加快发展现代职业教育摆在更加突出的位置"，李克强总理强调职业教育"要走校企结合、产教融合、突出实战和应用的办学路子"。深化产教融合、校企合作，有利于促进职业院校提高技术技能人才培养质量，有利于促进校企合作研发的科技成果而形成现实生产力，有利于推动企业技术进步、产业转型升级和区域经济社会可持续发展。产教融合是提高产业竞争力和职业教育的社会贡献度的必由之路。

一、产教融合发展的战略价值和现实作用

（一）产教融合发展是增强产业竞争力、推动产业结构转型升级的必然要求

"产教融合"顾名思义就是产业与职业教育的深度合作，其核心内涵是产业、行业、企业与职业教育的人才培养、科技服务等全过程融合发展，它跨越了职业与教育、企业与学校、生产与教学的范围，融教育教学、素质提升、生产劳动、社会服务、科技研发于一体。职业教育通过产教融合的方式与产业发展相适应，通过校企合作、工学结合的方式培养学生的技术技能，通过立德尚能、知行合一的理念提升学生的职业素养，从而把学生培养成适应产业发展、职场需要的技术技能型人才和具有爱岗敬业精神的"大国工匠"。2016 年全国约有 318.4 万名高职院校的毕业生，他们怀揣工匠梦，手握技术技能，源源不断地进入产业岗位，维系了产业发展所需的人才支撑，展现了

新一代职业人的高超技艺，为经济社会发展奉献一己之能，为产业链打造、产业转型升级和产业集群形成提供了坚实的人才支撑。

（二）产教融合发展是职业教育优化专业结构、提升发展能力的新型业态

职业教育直接服务于产业，产业结构的调整必将对职业院校专业结构的调整提出客观要求。在计划经济时代，农业占据主导地位，是第一大产业，农业对职业院校毕业生的需求最大。在全面奔小康的进程中，第二、三产业比重逐年提高，在这种情况下，工业和服务业对职业院校毕业生的需求逐年加大。在迈向现代化的进程中，第三产业飞速发展，并最终成为占比最大的产业，服务业对职业院校毕业生的需求将占主导地位。经济新常态下，产业内部正在快速裂变调整，工业正从传统工业向战略性新兴产业转移，炼钢、采掘、纺织等传统产业对职业人才的需求正逐年减少，而智能制造、智能电网、智能传感器、航空航天装备、海洋工程装备、生物工程、遗传工程、机器人、量子通信、新材料、新能源、节能环保、生物医药及高性能医疗器械等行业的技术技能人才需求持续旺盛；传统服务业正在向现代服务业转变，新一代信息技术、"互联网＋"、大健康、物流、文化创意、现代金融等高素质新型人才需求量在加大。

高职教育要适应国家"调结构、转方式"的战略转变，支撑新兴产业和现代服务业发展，必须顺应产业发展趋势，支持紧贴产业发展、校企深度合作、社会认可度高的骨干专业建设。必须坚持产教融合、校企合作，推进人才培养模式创新，开展校企联合招生、联合培养的现代学徒制试点，推行校企一体化育人。必须建立健全课程衔接体系，以适应经济发展、产业升级和技术进步需要；建立校企专业教学标准和职业标准联动开发机制，整体提升专业和课程建设水平。

（三）产教融合发展是顺应产业升级变革，推进经济转型、创新、融合发展的现实选择

随着现代化进程的不断推进，特别是"互联网＋"的广泛应用，产业之

间也在相互加速融合发展，如发展服务型制造业、农业深加工型，以及一、二、三产业融合发展。工业化进程中产业分工协作不断深化，催生制造业的服务化转型，特别是新一代信息技术的深度应用，加速服务型制造的创新发展。发达经济体的实践证明，发展服务型制造业是抢占价值链高端的有效途径。我国制造业亟须补足短板，实现转型发展。"互联网＋"和"中国制造2025"战略的实施，为职业教育未来的专业建设、课程建设、师资队伍建设、实验实训基地建设等提出了新的更大的挑战。职业教育必须顺应产业融合、升级等变革需要，为新产业的发展提供技术和人才支撑，这是一篇可以谋划的大文章。在这一点上，德国的"双元制"、瑞士的现代学徒制、美国的社区学院等诸多产教融合、校企合作的成功范例都值得我们好好学习和借鉴。

（四）产教融合发展是有效改善供给体系、促进职业教育多元发展的重要举措

社会化大生产分工的越来越细致必将极大地丰富职业教育的类型和结构层次。职业教育的多元化有多重含义，如类型多元化、层次多元化、投资主体多元化等。类型多元主要针对产业多元化发展的需要，加快院校布局和专业布局调整，使职业院校的布局调整、专业调整与产业发展相适应；层次多元是由现阶段我国产业发展的特征决定的，面对日益增长的物质文化需求，我们不仅要办好现有的中职和高职，更要办好应用型本科、专业研究生等现代职业教育，真正架起我国职业教育的立交桥；投资主体多元是由我国现行的投资体制决定的，我们不仅要办好公办职业教育，更要完善政策和制度环境，调动各方优势形成合力，吸引多元投资主体参与，探索混合所有制办学，创新体制机制，增强办学活力，最大限度地激发职业教育的整体效应。高职院校既要围绕行业办好专业，又要调动集团化办学，发挥校、政、行、企联合办学的优势；既要把职业院校办成技术技能人才成长的摇篮、协同创新的重要平台，又要把职业院校打造为产教融合的示范基地。要自觉遵循"创新、协调、绿色、开放、共享"的发展理念，深化供给侧改革，营造产业与职业教育深度合作的发展生态，切实增强现代职业教育支撑产业发展的保障能力。

二、产教融合发展的现状、原因剖析和指导原则

（一）产教融合发展的现状分析

《国务院关于加快发展现代职业教育的决定》提出"加快现代职业教育体系建设，深化产教融合、校企合作，培养数以亿计的高素质劳动者和技术技能人才"。这一要求指明了现代职业教育人才的培养方式。但现实状况是产业与职业教育融合度并不高，专业设置与产业发展的需求不匹配、与行业用工标准不对接，学科专业交叉复合既不专也不深，创新成果产业化链条尚不畅通，科研成果产业化亟待提高，具有技术技能的创新型人才无论从数量上还是质量上都尚不能与经济社会发展相匹配，产业与职业教育仍然存在"两张皮"现象。首先，从产业视角观察分析，目前在各级政府的产业规划中很少有对职业教育的内容进行的谋划，行业部门也没有在规划中向职业教育提出人才诉求。其次，从职业教育视角观察分析，产教融合发展还停留在校企合作这种浅显的层面，局限在订单培养、顶岗实习等简单几种形式，人才培养与产业需求的协调机制不健全，职业教育围绕产业行业培养人才的规划还处在萌芽阶段，职业院校无法对产业人才的需求进行准确预测，造成人才培养目标不能有效对接产业、行业、企业需要的现状。具体表现为，产业与职业教育没有同步规划，以及专业设置与产业需求、课程内容与职业标准、教学过程与生产过程、科技攻关与技术革新互不融合的"两张皮"的现象。产生这些问题的主要原因是人们在认知上和践行中对产教融合还存在若干误区。误区之一，高职院校就是大专教育，是高校中最低层级的教育；误区之二，高职教育培养的是企业技术员，是训练最低层次的职员的教育；误区之三，职业院校是普通高中的备胎，是本科落榜生的收容所；误区之四，校企合作等同于产教融合，学生到企业顶岗实习就是职业教育融入了产业发展。

（二）产教脱节的原因剖析

一是粗放型生产对劳动力的质量要求较低。在粗放型经济增长的状态下，产业对劳动力的质量需求较低，只要能进行简单劳动、满足基本生产操作需

求即可，企业在用工时更多考虑的是劳动力的价格要低廉，对素质要求相对不高。这种状况导致职业院校培养的学生只要满足就业就行，对创业创新人才培养方式很少关注。

二是人力资源充裕导致产业对职业人才需求意识缺失。在去产能、去库存的条件下，产能规模不断压缩，产业工人需求不断下降，劳动力市场出现供大于求的过剩状况。这种状况导致企业追求使用低层次的、能够满足简单生产的劳动力，行业普遍丧失了培养技术技能劳动力的使命感和动力源。

三是校、政、行、企联合培养机制的缺乏。技术技能人才培养是一项复杂的系统工程，需要政府、产业、行业、企业、学校、社会和家庭多方联动，政府、社会、学校、家庭重点塑造学生品德，产业、行业、企业、学校重点培养学生技术技能。但是在市场经济体制下，政府对企业的把控能力不强，企业往往追求低成本，不注重人力资本投入，各级组织、行业、产业培养技术技能人才的意识都不强劲。这种没有法律法规政策支撑的职业教育状况，导致职业院校单打独斗，严重影响了职业教育人才培养的质量。

四是产教融合的利益关系无法理顺。产业、行业部门是按照政府的要求运行的，在政府对行业、产业部门无指令性要求的状态下，行业、产业部门都不愿出资办教育。企业是按照利益最大化的宗旨运作的，职业院校学生到企业顶岗实习会影响工厂的产品质量，企业还要承担意外风险责任，在没有资金补偿的情况下，许多企业往往不愿意承担培养任务，双方利益的分歧导致产教融合无法走深走远。

（三）推进产教融合发展必须遵循的原则

一是坚持行业主导、政府引导的原则。职业院校大都依附于某种行业，要尊重行业的产业主导地位，支持企业根据自身人才需求和发展趋势，自主选择一批关联职业院校、开展集团化办学或现代学徒制的试点，组织开展技术攻关和行业标准制定，优先选用职校毕业生进入职场，从而增强行业的竞争力。要更好地发挥政府作用，完善政策措施，合理有序引导，增强服务供给，优化产教融合发展环境。

二是坚持立足企业、突出特色的原则。支持企业结合区域资源和企业竞争优势，因地、因业自主实践并创新发展产教融合模式，不断优化组织结构、打造实训平台、组织技术攻关、推动管理创新、探索融合发展路径。寻求优势企业"裂变"专业的优势，通过业务流程再造，提供更多的学生实训场所。鼓励国家或省示范（骨干）高职院校到产业园区建立实训基地，到企业选择"双师型"教师，到车间、田头、店铺等生产服务一线寻找技术、经营、管理攻关的课题。

三是坚持示范引领、全面推进的原则。要调动行业、组织培养职场人才的积极性，围绕区域企业、项目和平台，多层次开展试点示范和价值推广。坚持问题导向和发展导向，着力完善政策、搭建平台、制定标准、培育人才，凝聚产教融合的多元合力，推动产业、行业、企业与职业院校全方位协同发展。

三、践行产教融合发展的途径

（一）区域产业与职业教育同步规划

产教融合发展首先必须从规划起步，这是试金石，也是定海神针。各级政府、产业行业、区域园区和教育部门、职业院校等每隔五年都要编制发展规划。在编制规划的过程中，产业部门在确定总量、增量、增速计划的同时，要将当地职业教育对产业增长的贡献度、产业特色与专业要求的契合度、职业院校的科研成果对产业的科技支撑力、职业院校毕业生对产业人才的保障力等指标纳入规划内容。职业院校在编制五年规划时，要根据区域主导产业及新兴产业的发展趋势、人才需求结构变化、三次产业的比例结构编制学校的发展规划，根据产业内部结构动态变化调整专业结构设置，根据产业发展变化趋势构建课程体系。只有产业与职业教育同步规划，建立根据社会需求和产业特色及自身定位主动变化的职业教育动态调整机制，才能培养出结构合理、专业对口、企业需求的合格的劳动力大军，从而全面提高职业院校毕业生的就业率和服务区域经济社会的保障能力。

（二）专业设置与产业集群无缝衔接

专业群对接产业群是产教深度融合的关键。产业结构的优化调整，专业特色园区的打造，粗放型经济向集约型经济的过渡，中国制造向中国创造、中国速度向中国质量的转变，新一代信息技术与"互联网＋"的应用，发展服务型制造的新型产业形态对职业院校的专业设置提出了更高要求。职业院校要充分发挥行业指导委员会、办学理事会、职教集团等多元办学主体的组织优势，健全组织机构，落实主体责任，激发办学活力，深化与产业方（区域行业企业）的协同与合作，产教共同调查、分析研究、论证决策；围绕区域经济中的主导产业，围绕特色园区的发展重点，围绕集群产业的发展趋势，由产业方和教育方共同制定专业设置行动纲要；始终以坚持产业需求和变化为导向，调整专业结构，构建重点专业，增设新的专业，优化传统专业，培育特色专业、交叉专业和边缘专业，校企共同制定专业人才培养方案，为特色产业集群提供定制化服务。

（三）课程内容与职业标准一体构建

技术技能人才的培养标准应由产业方根据生产经营服务过程的实际需要确定，职业院校依据实际需求与产业方共同设置课程。课程内容要根据企业工作岗位所需的技术技能和综合能力谋划，每一门课程必须能培养一种必备的工作能力；专业课程内容既要积极借鉴所引进的国际职业资格标准和课程体系，又要紧扣区域产业发展趋势，不能用过去的课程内容，讲今天的故事，服务于明天的职业；课程标准要与职业标准相对应，将国家标准确定为课程教学目标和内容，使行业标准融入专业课程内容，作为教学实训的必修课；课堂考核要与职业资格相对应，使课程教学内容与职业岗位能力相适应，与职业资格证书融通、与生产实际融通、与行业标准融通，真正做到课程内容与职业标准一体构建，让学生真正做到入校即入厂、入学即入行、毕业即就业、成熟即成才。

（四）实践教学过程与生产过程有机互动

实现教学过程与生产过程的有机互动，重点把握两个方面。一方面，是把握认识学习、岗位实训和顶岗实践三个环节。认识学习主要是让学生借助参观企业的生产管理过程、课件观摩或演示基础性实验，全方位认知将来从事的职业岗位性质，着重培养学生的职业意识；岗位实训是学生以企业实训平台为基地，通过师傅手把手地"传帮带"，掌握生产操作方法，体验岗位动手能力，深化学生的职业意识；顶岗实践是在企业实际岗位与师傅一起劳动，要求在不同的岗位综合运用所学的知识，熟练运用各种技术，解决企业实际问题，培养能够独立从事未来岗位工作的能力。另一方面，要把弹性学制、创新学分等教学改革落到实处，根据课程教学规律和岗位生产性实训的具体要求组织课堂教学，同时根据企业生产季节性要求，统筹安排学生的数量和时间，坚持时间安排的灵活性与实训实习的严肃性相结合。另外，在企业实训教学过程中，不但要要求师傅认真传艺，学生掌握技能，还要要求学生传承师傅"专心专注、至精至善、创新创造、行稳行远"的精神品格和人格魅力，重新唤起学生熔铸大国重器、重工禀赋、共筑复兴之梦的勇气和力量，塑造学生的良好形象，真正实现立德尚能。

（五）技术攻关与企业协同创新共同推进

企业在生产经营过程中，由于提高产品数量、提升产品质量，以及再造新的流程和提高经济效益的需要，会组织员工进行技术攻关，对设备、工艺流程和组织管理方式等进行持续的改进和创新。职业院校在培养学生专业技能的过程中，应注重引用项目教学、案例教学、情境教学等，坚持问题导向，结合职业岗位实际问题边学习、边实践、边攻关；在申报科技创新项目时，可以组建校企混编科研团队，选择企业需要克服的设备改造、工艺革新、质量管理、内控标准等课题，边实验、边剖析、边研究、边制定，将形成的阶段性研究成果反作用于企业生产经营实践，推动院校科技攻关与企业改革创新协同推进，促进专业链、创新链和产业链的互联互通，构建原始创新、应用技术和成果转化协同机制。要建立产教归属和利益分享机制，通过课程转让许可、作价入股等方式转移转化技术成果，所得收入按一定比例自主分配，加大对攻关成果团队的激励力度。

四、推进产教融合发展的支撑保障

（一）加强产教融合发展的组织领导

产教融合发展是新常态下加快发展现代职业教育的一项重大举措和制度创新，事关产业振兴和职业教育的健康持续发展，应当引起全社会的广泛重视。要在全国职业教育领导小组的统一领导下，健全产教融合发展组织结构的政策体系，进一步明晰政府、行业、企业和职业院校的分工职责，加强宣传推广；动态跟踪产业发展趋势和企业发展态势，及时协调解决产教融合发展中出现的新矛盾、新问题，全面落实产教融合发展的各项任务和事宜；加大地方产业主管部门与教育主管部门的统筹协调和考核工作力度，制定出台各具特色的地方产教融合发展政策法规和制度文件，抓好具体工作落实；积极发挥行业组织在建设产教融合实训平台、推广行业先进经验、协调各领域合作等方面的作用，调动企业竭尽全力地加以推进。

（二）制定产教融合发展的政策法规

各级地方政府应制定出台鼓励产教融合发展的政策法规体系，落实支持企业培养职业院校学生的财政、税收、金融、土地、价格等政策，积极引导行业企业和职业院校合作育人、协同发展。财政部门应优先支持校企合作的企业，减免接收顶岗实训学生的企业的税收，设立引导资金，鼓励企业主动接收顶岗实习学生。保护在企业实习实训学生的创业设计、技术攻关和发明创造的知识产权，企业应允许这些产权作价入股，强化知识产权归属，保障协调各方的利益与权益。深化产教融合的理论研究，逐步完善统计调查体系，探索开展产教融合概念术语、参照标准和评价体系的研究制定和应用推广。

（三）打造产教融合发展的实习实训平台

军人的作战本领是在战场上锤炼成的。经过实践教育的有工匠精神的产业工人，才是做出好产品的最关键因素。然而由于企业追求的是利润最大化，许多企业没有让学生在高端机器上操作的意愿，这必然制约了实训的效能。针对这种情况，政府可以出资在产业园区打造若干有产业特色且适应当地职业院校专业需求的实训平台，在学生需要实训时，优先供学生仿真使用，在学生放假或企业市场旺盛时，可以供企业生产经营使用，这样既能满足学生的实训需求，又能满足企业的生产需求，共享共用。园区的实训老师必须是双师型的，学校老师带着课题教学和技术攻关，企业师傅在"传帮带"教育中塑造培养学生敬业爱岗的品质，使"工匠精神"成为广大学生创新创业的价值追求。要把实训平台打造成传承技术技能的战略高地，让各路英才在此平台上大展身手，形成产教融合的交集方阵。

（四）营造绿色祥和的创业就业环境

技术技能人才原地就业，可以为地方创造人口红利、降低老龄人口比重、提高城市化水平、为产业创造增加值、为政府创造税收、为企业创造财富，从而实现技能人才的人生价值。产教融合发展的显性标志是为区域经济社会培养一支产业大军、培育一批专业集群、打造一批产业高地。要充分发挥地方政府、行业企业在产教融合发展中的主体作用，营造"大众创业、万众创新"的就业环境，鼓励职业院校师生为地方经济社会发展贡献才智，组织开展技术攻关，帮助学生就业，支持学生创业。政府可以通过购买服务的方式补助外地毕业生留在本地创业服务，如在购房方面给予补助，在子女入学方面提供帮助，对创业所需资金进行担保和贴息，对微商平台补充流量，对取得的成果给予奖励，对继续教育给予资助。企业也要不断完善一系列留住人才的思想、方法和举措。

（五）建立产教融合发展的共建共享机制

要全面实行"产业＋职院"战略，面对创新组织模式发生的新变化，面对创新向多元主体开放式参与转向加速的新趋势，提升职业院校向产业开放的新水平，坚持开放发展，完善合作共享机制。首先，确立校政行企集团化办学方针，鼓励全社会力量参与办学，实现优势互补，合作共赢；其次，根据事业单位改革总体要求，切实加快高职院校的职能转变，加大服务产业的供给，加强产教融合的服务型组织建设，开展组织模式和服务手段创新；最后，聚集"双师型"人才互通交流，全力打造共建共享的师资队伍，创造更多的政策红利，引领产教融合的可持续发展。

第二节　现代学徒制人才培养模式改革与实践

面对"调结构、转方式"的发展环境，面对"中国制造2025""互联网＋"等国家战略的实施，产业转型升级对我国高职院校人才培养模式改革提出了新要求，而现代学徒制的特点契合了产业结构调整对技术技能人才培养的新要求。以江苏食品药品职业技术学院为例，该学院以入选教育部首批现代学徒制试点单位为契机，通过学习借鉴、引进消化国内外先进的理念和经验，进行了现代学徒制人才培养模式改革的"本土化"探索与实践，取得了阶段性的改革成效。

一、学徒制的历史传承与时代要求

学徒制作为古代较为典型的职业教育形式之一，伴随着手工业的兴起和发展，曾经在技艺传承、产业振兴和社会进步中发挥过极其重要的作用。中华人民共和国成立初期，我国针对失业人员开展的学徒培训极大地提升了劳动人民的就业能力。改革开放以来，传统的学徒制一度被冷落，高职院校教育成为高职教育和培训的主流形式。进入21世纪，随着全球化进程的加快，产业发展对技术技能人才培养不断提出新挑战、新要求，越来越多的国家开始认识到学徒制的重要价值和意义。德国、瑞士、英国等经济发达国家开始对传统学徒制进行改革，融合现代教育的优势，创新发展了现代学徒制。

随着我国经济发展方式的转变，2014年2月26日，国务院召开的常务会议做出了加快发展现代职业教育的决定，在具体的任务措施中提出要"开展校企联合招生、联合培养的现代学徒制试点"。这为高职院校创新发展现代职业教育、推行现代学徒制人才培养模式改革指明了方向。

二、现代学徒制的内涵、特征及主要作用

（一）现代学徒制的内涵

现代学徒制是一种将传统的学徒培训同现代的学校教育有机融合的现代职业教育方式，是由学校和企业深度合作，通过校内知识学习与企业学徒培训"工学交替、亦工亦读"方式共同培养技术技能型人才的职业教育形式，是现代职业教育和培训体系的重要组成部分。

一是政府主导，学校、企业、行业协会等多元参与，各自承担着不同的角色与功能。

二是有着明确的教学内容和课程安排，并通过规范的教学标准和评估体系开展考核，确保人才培养的质量。

三是师徒关系并非传统学徒制的"一对一"，可能是一师多徒、多师多徒，也可能是团队型的师徒关系。

四是有着科学的管理制度和运行机制，政府、学校、企业、行业协会等各方的责权利明确清晰，体现了现代学徒制的科学性和规范性。

（二）现代学徒制的特征

一是学校和企业双主体。在现代学徒制中，合作学校和企业共同承担学徒培养的责任。其中，学校的专任教师负责专业基础知识的讲授工作，企业的师傅负责专业技能的培训工作。学校课堂教学和企业一线现场教学有机融合，实现学生技术技能的积累。

二是学生和学徒双身份。现代学徒制培养的对象，在学校进行知识学习时是学生，在企业由师傅带领着实践时就是企业的学徒，身份"双重"。这样，一方面，学徒在企业实践时享有企业薪资津贴待遇，自身对接受培养有着更大的积极性。另一方面，合作企业也会更加愿意、更加主动地为学徒培养投入资源。

三是教师和师傅双导师。校企双方根据学徒培养目标，择优确定专业教学团队，组建"教师＋师傅"的双导师教学团队，根据人才培养方案和岗位

对技能的要求，部分课程教学以学校的教师为主，部分课程教学则以企业的师傅为主。

四是学校与现场双基地。"做中学，学中做"是现代学徒制培养的核心学习方式，学生不仅以学徒身份在生产一线学习，还以学生身份在学校学习，这样学习的技能及知识就能紧密贴合岗位实际和发展需求。同时，不再安排固定的上课时间，而是根据生产需求和实际进行安排，学生可能是白天在生产一线实践，晚上或周末针对岗位进行理论知识的学习。

五是理论知识和实践过程双考核。考核强调的是注重课程学习及实践过程的双元考核，不再是注重单一结果的结果性考核。考核内容既包含团队的协作、学习或工作的态度，也包括专业的技能和知识等各个方面。

六是毕业证书与任职资格证书双融通。经过考核达到要求的毕业学员，学校将发放相应的学历证书，企业则发放相应的职业资格证书，提高学生的就业竞争力。

（三）现代学徒制的作用

一是有利于提升高职院校学生顶岗实习的质量。以往学生在企业实习中，主要身份是学校的学生，企业大多只从生产和成本的角度给学生安排实习岗位，学生积极性不高、实习效果不好。在现代学徒培养过程中，企业也是育人的主体，必然会根据人才培养方案寻找合适岗位，主动安排有经验的师傅对学生进行指导，并加强对学生企业实践过程的考核，提高学生企业实习质量。

二是有利于促进学校人才培养与企业紧密对接。高职院校开展技术技能人才培养的出发点是满足行业企业的需求。开展现代学徒培养，将按企业的需要制定人才培养方案和设置课程，充分调动了企业的积极性。在实施的过程中，学生也能够接触和使用最新的设备，掌握最新的技术和方法，最大限度地促使所培养的人才与企业对接。

三是有利于调动高职院校学生学习的积极性。在现代学徒培养中，学生在企业实践时的员工身份，有利于促进企业提高自身责任感，保障学徒的合法权益和工资收入。此外，学徒完成培训通过考核之后，即可获得在全国通行的国家职业资格证书，拓宽了学生未来就业范围，这个也有助于提高学生的学习积极性。

三、江苏食品药品职业技术学院开展现代学徒制的实践探索

2015 年 8 月，江苏食品药品职业技术学院被教育部列为国家首批现代学徒制试点单位。学院食品加工技术、烹饪工艺与营养、幼儿保育（婴幼儿营养方向）和机电一体化技术（制药设备应用技术方向）4 个试点专业根据教育部《教育部关于开展现代学徒制试点工作的意见》，抓住校企合作机制建设这个关键，积极探索，扎实推进试点工作。

（一）建立健全试点工作机制

学院成立现代学徒制试点工作领导小组，由院长和合作企业董事长（总经理）担任组长，下辖跨校企、跨部门的办公室、教学组、保障组和联络组 4 个专门工作机构，负责试点专业的招生招工、人才培养方案修订、教学进程安排、师资队伍建设、经费管理和联络工作。申报成功后，学院牵头合作企业出台了《江苏食品药品职业技术学院现代学徒制试点工作实施方案》《江苏食品药品职业技术学院现代学徒制人才培养管理制度》，明确了校企双方的职责、权利和义务，在招生招工、师资配备、教学安排、基地建设、学生（学徒）权益维护保障等方面，保证了试点工作的顺利开展。目前，与之配套的"试点学生（学徒）管理制度""试点学籍管理规定"等章程正在制定和完善中。与此同时，学院设立试点专用账户，按每年每专业 10 万元划拨试点经费，并将试点专业的专业建设费、师资培训费、学生（学徒）企业实习费等纳入统一管理，促进试点取得实效。

（二）组建现代学徒制试点班

选择合作企业是学院开展现代学徒制的第一步。2015 年 7 月至 2015 年 8 月，学院依托江苏食品职业教育集团，在以往"订单班""厂中校"等培

养模式的基础上，充分考虑企业行业背景、发展需求、学徒培训能力、校企合作基础、专业匹配度等因素，确定将江苏大喜来食品有限公司、吴江宾馆、天津路小学幼儿园、江苏正大清江制药有限公司、江苏天士力帝益药业有限公司、扬子江药业集团有限公司等省内大中型企业作为现代学徒制试点的合作企业。

根据《江苏食品药品职业技术学院现代学徒制试点工作实施方案》和现代学徒制试点要求，结合 2015 年学院招生的实际情况，校企商定在 2015 级新生中遴选"现代学徒"，也就是在招生的基础上招收学徒。校企联合制定了招生（招工）标准及办法，明确入选条件、培养途径、学费优惠等内容，确定招生（招工）规模。学院组织 4 个试点专业在全校范围内进行现代学徒制宣传，接受学生报名，合作的企业直接参与面试，根据学业考试成绩、面试状况择优录取。这些学生（学徒）即成为该企业的"后备员工"，具有双重身份，既是学生，又是学徒。2015 年 12 月底，食品加工技术、烹饪工艺与营养、幼儿保育和机电一体化技术 4 个专业都成功组建了现代学徒制试点班，共计 5 个班 109 人。

（三）签订三方参与的培养协议

为了明确现代学徒制试点工作中利益相关方学校、企业、学生（学徒）的职责、义务，维护三方权利，江苏食品药品职业技术学院根据现行的法律法规和方针政策，按照专业特点，结合企业人才需求，遵循学生成人成才规律，共同商定协议条款，明确三方责、权、利。学院分专业组织了三方协议签订仪式和开班典礼，校、企、生三方签订了现代学徒制试点协议书。

（1）学校

学校主要负有牵头设置专业、制定人才培养方案、制订教学计划、培养企业教师队伍、评聘企业教师专业技术职务、发放企业指导教师经费等方面的职责；同时享有与企业一起进行课程教学改革、人才标准制定、考核评价、管理教育学生的权利和义务。

（2）企业

企业主要负有向学校、学生准确告知企业状况及岗位人才要求、配合学校共同研究制定人才培养方案、委派优秀技术骨干担任师傅、全程培养学生（学徒）、为学生（学徒）提供安全的工作实训条件、与校方合作编写教材等职责；同时享有校企合作研发成果、考核评价学生（学徒）、优先录用考核合格学生（学徒）、支付学生（学徒）准员工补助等权利和义务。

（3）学生

学生负有遵守校企两方规章制度，接受和服从校企双方的教育和管理，积极参加学习和生产的责任和义务；同时享有学院章程赋予的在校生的所有权利，在企业顶岗实习期间享受保险和津贴补助。

（四）构建基于现代学徒制要求的人才培养模式

根据现代学徒制的"六双"特点，江苏食品药品职业技术学院与企业共同制定专业人才培养方案，确定企业个性化的人才标准，并按照企业岗位要求采用不同的专业人才培养模式。

"食品加工技术"专业采用"全面对接、四段递进、角色转换"的"1+2"人才培养模式。"全面对接"即学校与企业全面对接进行人才培养；"四段递进"即学生（学徒）三年中分别经过岗位认识实习、顶岗实习、轮岗实习、定岗实习四个递进式培养阶段；"角色转换"即经过在学校一年、在企业两年的"1+2"培养训练，学生最终实现从学生（学徒）向员工的角色转换。

"烹饪工艺与营养"专业采用"课堂厨房一体、理论技艺并进"的人才培养模式。"课堂厨房一体"即分别在"校中店""店中校"采用"1.5+1.5"两段培养方式；"理论技艺并进"即在培养中强调理实并重，使学生既具有毕业即就业、上岗即顶用的能力，又具备可持续发展的能力。

"幼儿保育"专业采用"学训交替、协作育人"的"4+1"人才培养模式，即学生每周4天在学校学习，1天在幼儿园实训，园、校全过程共同育人。

"机电一体化"专业采用"工学交替、在岗培养"的"1+3"人才培养模式，即1个现代学徒制班对接3个企业，学徒在工作岗位上通过工学交替方式完成学业。

（五）联合组建现代学徒制师资团队

学校与企业优选校内专业骨干教师及企业技术、管理人员，组成现代学徒制师资团队，负责理论及实践教学。

在"食品加工技术"专业，校企合作制订并实施了"互聘共用、双向培训、共同育人"的优势互补的师资队伍培训计划；在"烹饪工艺与营养"专业，校企共同拟定师资队伍建设具体方案，制定师资队伍管理制度，成立"现代学制导师库"和"现代学徒师傅（导师）库"及专门指导委员会；在"机电一体化"专业，学院实施"一师双岗"制度，开展师资队伍"三提升"工程（教学水平提升工程、创新能力提升工程、实践技能提升工程），保证试点师资的理论和实践教学水平。

（六）"双师"联手构建课程体系

校企老师（师傅）双方围绕人才培养目标，合理配置学校课程和企业课程，确定了以"企业用人需求与岗位资格标准"为中心的设置课程原则，努力构建适合学徒制培养模式的专业课程体系。

对于"食品加工技术"专业，江苏食品药品职业技术学院引入行业规范和标准，形成现代学徒制试点专业——食品加工技术专业完全学分制的课程体系。结合企业岗位素质要求，确定素质和素质拓展课程（基础课程），赋予课程特定学分；根据岗位能力要求，确定关键技能课程（核心课程）、职业资格和技术证书课程（双证互融和岗位迁移课程），赋予课程特定学分；校企制定和启动了共同编制现代学徒制试点专业——食品加工技术专业立体化教材的计划，共同开发核心课程资源。对于"烹饪工艺与营养"专业，学校基于核心岗位及能力要求，重点进行职业能力课程建设，校企合作开发工作任务导向和兼顾职业资格证书的教材标准。对于"幼儿保育"专业，学校则按照园方需求和"幼儿教师（保育员）专业标准"设置课程，开发校本教材。对于"机电一体化"专业，校企共同重构"岗证融通"课程体系，重组教学内容，学校开展以职业素质为核心的养成教育，企业开展以职业技能为核心的实践教育，将企业生产任务经过教学设计，转换成学习性工作任务，形成由简单到复杂的系列培养课程。

目前，食品加工技术、烹饪工艺与营养、幼儿保育（婴幼儿营养方向）和机电一体化（制药设备应用技术方向）4 个专业的试点工作进展顺利，已于 2018 年输出了第一批"现代学徒制"毕业生。

四、全面推进现代学徒制的对策方略

作为职业教育人才培养模式的一种探索，江苏食品药品职业技术学院在现代学徒制试点工作中，对遇到的一些干扰和亟待解决的问题进行了反思，对全面推进现代学徒制提出了政策建议和改进后完善的保障措施。

（一）完善法律体系，保障各方权益

基于现代学徒制的人才培养模式改革在我国处于起步试点阶段，现有的关于现代学徒制的规定大多是国务院、教育部或人力资源和社会保障部近 5 年内出台的政策文件，这些文件对参与现代学徒制的各方权益和义务缺乏明确的法律约束规定。例如，企业开展现代学徒制的最大动力是为毕业学徒留在本企业工作提前做好人力资源储备，但实际上，毕业学徒是否愿意留在培养企业工作有较大不确定性，现有的法规对毕业学徒留在培养企业工作无明确约束条款，"为他人作嫁衣"成为经常性现象，导致推进现代学徒制出现"校热企冷"的现象。我国推进现代学徒制在某些背景方面和英国很相似，都需要政府大力推进，需要法律给予保障。政府需要加快制定责任共担、利益共享的职业教育法律体系，给高职院校、企业以明确可依的政策导向和制度保障；明晰企业参与现代学徒制的责任和义务及权利，明确学徒的权益及毕业学徒必须留在培养企业工作的年限等，确保参与现代学徒制的学校、企业及学徒等各方都能吃下现代学徒培养的"定心丸"。

（二）建立专门机构，加强组织协调

行业协会也没有充分发挥沟通政府、学校与企业关系的桥梁纽带作用，制约了现代学徒制的推进。我国可借鉴丹麦等国成立国家和地方职业教育委员会等经验，从中央到地方都建立起相应的校企合作管理机构，专门负责解决"现代学徒制"人才培养模式推进过程中遇到的各种问题，协调参与企业、学校、学生等各方利益关系。同时，进一步明确行业协会在推进现代学徒制中的地位、作用和职责，赋予行业协会足够的职权和义务，支持和鼓励行业协会参与职教体系构建、人才标准制定、产教融合项目运作等方面的工作。

（三）设立专项基金，提高多方参与热情

在现代学徒制中，企业是培养主体之一，从成本的角度来说，企业需要承担企业师傅薪资、学徒津贴和设备、原料损耗等方面的成本。教育部首批试点现代学徒制项目，到目前尚未有明确的专项经费标准，企业不太愿意自行承担相关费用，再加上企业担心培养出来的毕业学徒跳槽到其他单位，导致培养学徒的企业出工不出力，现代学徒培养还处于浅层次的状态。我国应借鉴西方发达国家的做法，建立"现代学徒制"专项基金投入机制，经费由政府拨款或税收抵冲减免组成，采用商业化的拨款方式，根据现代学徒制培养的规模数量和培养质量，以合理的生均经费标准给予培养企业和学校资助，这样既能减轻企业的负担和投入顾虑，又能使企业更加愿意参与"现代学徒制"人才培养。

（四）加大宣传力度，营造整体氛围

现代学徒制的特点与现代产业对技术技能人才的培养要求有着高度的一致性，现实的情况是高职院校对此有着较高的认识，企业却认识不足，且企业对于自身培养技术技能人才的社会责任也缺乏足够的认识。政府应进一步大力宣传和营造"劳动光荣、技能宝贵、创造伟大"的社会氛围，让企业充分认识现代学徒制对于经济转型和产业发展而言的重要作用，增强企业的社会责任意识，最终以自身的实际行动支持和参与现代学徒制的推进实施。在

这一过程中，高职院校也要狠抓服务企业的水平和能力，在服务企业的过程中增强企业参与现代学徒制的热情，推动现代学徒制更好地服务于新常态下经济转型和产业升级，更好地服务于"中国制造2025"等国家战略。

第三节　校企合作"小实体大平台"模式改革与实践

一、西子航空学院、圣泓定制班的现代学徒制探索

（一）西子航空学院小实体大平台

2015年1月，杭州职业技术学院（以下简称"杭职院"）与浙江西子势必锐航空工业有限公司（以下简称"西子航空"）及全球第三大机床生产厂商友嘉实业集团共同成立了杭职院西子航空工业学院。制造类工科专业是杭职院的特色和强项，西子航空所从事的航空制造业代表着最先进的制造技术，加之友嘉实业集团的数控装备优势，"企校企"三方共同搭建"小实体大平台"，共同致力人才培养模式的实践与探索，培养符合社会需求、企业要求的制造类高技术技能人才。

杭职院通过和企业开展深度合作，探索现代学徒制人才培养模式，填补浙江省航空制造业高技能人才培养的空白。西子航空现有正式员工276名，其中22名来自杭职院，另有37名实习的准员工。杭职院学生已成为西子航空技术工人的主力军。主要做法如下：

1. 学校管理和企业管理融通

杭职院、西子航空和友嘉实业集团共同成立西子航空工业学院理事会，作为学院最高的领导机构。理事会由5名理事组成，西子航空2人，杭职院2人，友嘉实业集团1人，由西子联合控股有限公司董事长王水福担任理事长。企业相关负责人分别担任西子航空工业学院常务副院长、科室主任和教研室负责人，西子航空工业学院在理事会的直接领导下，实施"资源共享、人才共育、校企共管"三位一体的校企紧密型管理模式。

2. 学校招生与企业招工融通

学校遴选友嘉机电学院机械设计与制造专业和数控技术专业作为西子航空工业学院的主体专业。学生在完成大一的基础性课程后，在大一的第二个学期末，校企双方共同实施航空数控加工和航空钣金装配两个专业方向的学生选拔，选拔出的学生和西子航空签订协议书——"西子航空工业学院高端制造类人才培养协议"，明确培养对象的学生和准员工的双重身份，公司向学员提供三项优惠：提前转正、返还三年学费（15 000 元）、无息住房贷款（20 万元 10 年期）。

3. 学习内容与工作任务融通

"企校企"三方共同制定了西子航空急需的航空数控加工和航空钣金装配两个专业方向的人才培养方案，共同构建了基于现代学徒制的专业课程体系，并根据西子航空人才培养目标，创造性地将现代学徒制课程体系分为四个模块：航空职业素质养成模块、制造类技术技能基础课程模块、航空制造岗位群技术技能模块和学徒个人职业发展模块。该课程体系既满足了西子航空目前所急需的制造类技术技能人才的需求，又根据学徒的兴趣和职业取向，使得培养的学徒具备可持续发展能力。

4. 学校教师和企业师傅融通

西子航空工业学院成立了由学校专业教师、企业高工和企业岗位工艺主管组成的"校企联合教研室"，对教学工作和实习工作进行过程管理与质量监督。学校导师为课程负责人，主要开展课程理论部分教学与组织协调工作，企业导师负责课程标准制定和课程内容的选取，实施双导师联合授课制度。在培养过程中，除了师傅手把手的技能培训，企业还为这些学徒指派专人担当"指导员"，帮助学徒熟悉工作环境及顺利地进行心理过渡。

5. 学习时空与工作环境的融通

西子航空工业学院现代学徒制课程的授课采用工学交替模式，主要分为集中授课、企业培训、项目训练和岗位培养四种形式。学生一半以上的时间在企业的真实生产环境中学习。企业专门设立西子航空工业学院教学点，理论教学实现一周在学校、一周在企业的工学交替模式。学生定期到西子航空、友嘉实业集团下属企业进行课题调研，参加企业讲座及岗位见习。

6. 学生评价和学徒成长评价的融通

西子航空工业学院明确师徒考核要求，制定《师徒协议书》，采取"理论考试＋实际操作／答辩"等多种形式进行考评，考核包括企业方评分占50％，学徒评分占30％，学校专业负责人评分占20％，并参考国际行业标准出具鉴定意见。意见分为优秀出师、合格出师、不予出师。采用师带徒培养模式，一个学期考核一次。师带徒考核遵循过程考核与结果考核相结合的原则，主要考核师徒协议履行情况，学徒理论知识掌握程度和实际操作水平，工作表现、工作任务完成情况及取得的工作业绩等。

（二）圣泓"互联网＋设计"定制班

2015年，杭州职业技术学院和圣泓工业设计创意有限公司建立合作关系，并于当年10月成立"互联网＋工业设计"定制班。这个班是跨院系、跨专业（信息工程学院软件技术专业、计算机通信专业、应用电子技术专业、友嘉机电学院的工业设计专业）的复合型人才培养实验班，在人才培养模式方面进行了诸多创新。

1. 学生双重身份

"互联网＋工业设计"定制班根据学生的兴趣、创新意识和创业意向等指标对报名学生进行筛选，进行双向选择。全体学员与公司签订了"圣泓'互联网＋工业设计'班学员协议"，明确双方权利和义务。学员按准员工要求看待，实习工资3 500元／月，并缴纳学生安全保险。

2. 真实项目教学

学生先进行2周的校内集中实训，然后入驻圣泓工业园区，跟随师傅参与真实项目研发，融真实项目于教学过程中。学生已经参与了国家级项目"古村落"的设计及开发工作，每个小组都成功进行了1个村落的设计并完成交付，从村落调研、拍摄到设计全程参与，能够熟练地运用各种拍摄工具、视频剪辑和绘图制图软件，并在审美能力上也有了较大的提高。

3. 教学空间交替

"互联网＋工业设计"定制班采用跨园区、校园培养的模式，即在园区实习一个月，然后返校集中学习一周。在企业主要通过真实项目进行顶岗实习，即"派任务、做项目、提能力"。在校内主要以基础理论和基本技能的培养为主，由圣泓公司的师傅做实际工作项目的介绍，由信息工程学院及友嘉机电学院的教师为学生介绍网站开发、创新创业及工业设计的基础课程。

4. 双导师育人

"互联网＋工业设计"定制班由学校的"知识导师"和企业的"技能导师"共同实施人才培养。学校导师负责专业理论知识的传授及技术与基本技能的培养；企业师傅负责岗位技能传授。学徒进入园区之后，以小组为单位分为4组，每组均有相应的企业工程师作为导师对学徒进行指导，企业导师与学徒共同参与真实项目的研发过程，实现真正意义上的顶岗实习。在企业顶岗实习期间，学校教师定期到企业中和学生、企业导师对接座谈，对学徒学习或工作中的困难给予指导、帮助和解决。

5. 职业素养驱动

学校和企业联合共建"创翼杭职"众创空间，在学校建立众创空间（圣泓工业设计创意园创业实训基地），能延伸到企业的创业空间，汇集学校更多的创意资源，激发学生的创意创新。除了专业技术的学习，企业也要求学生进行晨跑，养成锻炼身体的习惯；要求学生定时完成单位的工作任务，对设计作品质量精益求精；要求学生做事要胆大心细、善于与人沟通、加强文学修养，不断提升学生的核心素养。

6. 校企综合评价

根据学徒的劳动纪律、态度、技能等指标，由来自圣泓工业设计创意有限公司的企业师傅和学校相关专业的教师对学徒共同开展评价。

二、现代学徒制办学经验归纳与思考

（一）甄选合作企业

各专业在选择现代学徒制合作对象时，需考虑以下几方面因素：行业企业的发展需求、校企已有的合作基础、企业自身的吸引力、企业对学徒的培训能力。企业要有一定的规模，培训能力要强，在用于培训练习的生产设备、企业师傅的数量与质量、企业原有培训体系与培训文化等方面要有一定基础。只有具备这些条件的企业，才能真正将教学培训工作落实下去。校企双方要建立校企协同育人机制，明确院校与合作企业的权利与义务，共同完成人才培养任务。

（二）重塑学生身份

各专业可根据实际情况，灵活采用校企联合招生、先招生后招工和先招工后招生等形式落实招生招工一体化：通过中高职一体化、提前招生等方式实现校企联合招生；通过"双元制"方式，实现先招工后招生；通过对在校生的学徒选拔，实现先招生后招工。企业、学生和学校可以通过签订三方协议，明确学生与学徒的"双身份"。

（三）校企联合育人

企业师傅作为现代学徒制构建的重要参与者，其参与的主动性与积极性及能力素质是否达到参与学徒培训的要求，是现代学徒制能否成功构建的一个重要因素。设置联合教研室，为学校专业教师和企业师傅的交流合作提供了平台，有效地促进了企业师傅教育教学能力的提升，有利于双方共同进行专业人才培养方案的制定、校企协同课程的开发、日常教学的实施和学生的管理。

（四）多方综合评价

现代学徒制的有效运行，亟须建立较为完善的学徒培养考核评价体系，考核形式应包括"理论考试＋实际操作／答辩"等环节，考核主体应包括学生、教师、师傅和企业，考核内容应包括师徒协议履行情况、学徒理论知识掌握程度、学徒实际操作水平，工作表现、工作任务完成情况及取得的学徒业绩等。此外，要注意考核结果的反馈，要通过评价改进教学。

（五）国家制度支撑

我国现代学徒制仍处于初步阶段，企业的参与度还不够高，我们需要思考如何使个别企业将自发参与演变成多数企业主动参与，以及如何保障企业利益。除院校的主动探索外，国家需要进行相应的制度框架设计。例如，企业培训学徒的补贴（购买）政策、学徒权益保障制度、企业教师资质条例、学徒培训内容框架和标准、企业师傅职责和待遇政策等。

参考文献

[1] 欧阳媛，张永敬. 中外高等职业教育校企合作比较研究 [J]. 教育与职业，2015（18）：27-29.

[2] 饶雪玲，高银霞. 国内外高等职业教育中人文教育与科学教育相融合的对比研究 [J]. 中国校外教育，2014（18）：116，125.

[3] 朱敏红，刘峻. 国内外高等职业教育教学模式的比较研究 [J]. 职业时空，2017，7（10）：1-4.

[4] 王丽芳，王明娣，黄解宇. 中外高等职业教育人才培养模式的比较研究 [J]. 运城学院学报，2010，28（06）：87-90.

[5] 陈杨，祁占勇. 我国高等职业教育人才培养模式研究热点的共词可视化分析 [J]. 职教通讯，2015（28）：10-18.

[6] 蔡炎斌. 国外高等职业教育人才培养模式分析与思考 [J]. 黑龙江高教研究，2005（12）：76-77.

[7] 高文杰，赵丽敏. 基于价值哲学的高等职业教育质量与评价标准审视 [J]. 职业技术教育，2014，35（22）：42-47.

[8] 姜凡. 21 世纪以来中美两国教师教育研究现状及趋势：基于《教师教育研究》和 JTE 的文献计量学分析 [J]. 现代教育管理，2016（07）：66-73.

[9] 姜大源. 高等职业教育：来自瑞士的创新与启示 [J]. 中国职业技术教育，2011（04）：27-42.

[10] 孔德兰，周建松. 高职院校专业人才培养方案设计理念与路径 [J]. 职教论坛，2017（21）：10-14.

[11] 刘晓，徐珍珍. 我国职业教育校企合作研究的问题转化与发展取向：基于 30 年来学术期刊载文情况的计量分析与可视化识别 [J]. 教育学术月刊，2016（04）：74-81.

[12] 刘晓，石伟平. 高等职业教育办学模式评析 [J]. 教育与职业，2012（02）：5-8.

[13] 刘明生，王玲，李建华. 论高职校企合作长效机制的构建 [J]. 教育与职业，2013（02）：17-19.

[14] 刘洪宇. 我国高等职业教育校企合作体制机制建设的新思路 [J]. 教育与职业，2011（05）：10-13.

[15] 潘海生，王世斌，龙德毅. 中国高职教育校企合作现状及影响因素分析 [J]. 高等工程教育研究，2013（03）：143-148.

[16] 陶言诚. 高等职业教育校企合作人才培养模式现状及展望 [J]. 职教论坛，2013（23）：65-67.

[17] 肖凤翔，陈潇. 国际职业教育主流理论与研究热点的可视化分析 [J]. 中国职业技术教育，2014（30）：21-27.

[18] 周建松. 现代职教体系建设与高职人才培养模式创新 [J]. 高等职业教育（天津职业大学学报），2015，24（03）：3-6.

[19] 周建松. 论"六业贯通"的高职教育人才培养理念及其实践 [J]. 现代教育科学，2012（05）：93-95.

[20] 周建松，唐林伟. 高职教育人才培养目标的历史演变与科学定位：兼论培养高适应性职业化专业人才 [J]. 中国高教研究，2013（02）：94-98.